# 漱溪集

胡明香／著

黄河出版传媒集团
宁夏人民出版社

图书在版编目（CIP）数据

漱溪集 / 胡明香著 . -- 银川：宁夏人民出版社，2023. 12

ISBN 978-7-227-07898-2

Ⅰ. ①漱… Ⅱ. ①胡… Ⅲ. ①李清照（1084- 约1151）- 传记 ②诗词 - 作品集 - 中国 - 当代 Ⅳ. ① K825.6 ② I227

中国国家版本馆 CIP 数据核字（2024）第 016163 号

漱溪集　　胡明香 著

责任编辑　陈　浪
责任校对　陈　晶
装帧设计　宋英敏
责任印制　侯　俊

黄河出版传媒集团
宁夏人民出版社　出版发行

出 版 人　薛文斌
地　　址　宁夏银川市北京东路 139 号出版大厦（750001）
网　　址　http://www.yrpubm.com
网上书店　http://www.hh-book.com
电子信箱　nxrmcbs@126.com
邮购电话　0951-5052104　5052106
经　　销　全国新华书店
印刷装订　济南巨丰印刷有限公司
印刷委托书号　（宁）0028292

开本　720 mm × 980 mm　1/16
印张　20.5
字数　266 千字
版次　2023 年 12 月第 1 版
印次　2023 年 12 月第 1 次印刷
书号　ISBN 978-7-227-07898-2
定价　68.00 元

序一

# 抱香红瘦两相宜

## ——胡明香《漱溪集》序

◎朱现魁

戊戌仲夏，草树蓊郁，洹水潺湲。胡明香女史携其第一部诗稿《啄泥集》，问序于余。初一过目，即发现此书之编排方式，颇为奇特。首列作者自作之诗词，次明此作之格律谱式及拗救之法，三叙此作所由启迪之唐宋名篇及其奥妙所在，最后晓以借鉴唐宋名篇之角度与技巧。余不禁叹曰：此种编排，恰如一车驷马，浑然一体，充分显示了作者自己学诗过程的艰辛、路径和方法。实乃古所未见，今所独有。她为自己，也为初学写作旧体诗词的读者朋友探索出了一条入门的捷径。

风驰电抹，世换时移。如今四年过去了，勇立潮头的胡明香女史，又推出她的第二部诗稿《漱溪集》。此书分上下两编，上编曰《红瘦歌——李清照诗传》，是以诗歌形式为古今文苑第一才女李清照写的传记。下编曰《抱香吟——格律诗词及谱式》，是作者近年所写格律诗词的总汇。

下编在编排上所采用的体例，与《啄泥集》大同小异。不同之处在于所收作品前面，先讲述律绝的格律谱式及拗救之法。作者在研究前人理论与实践的基础上，复益以自己的心得体会，以五绝为基本式，举一反三，归纳出律绝的所有谱式，极便记忆与运用。且以自己的作品为范例，验证其理论与实践的正确性和可操作性。然后又以拟人手法详论拗救的起因、门径、技巧及其所具有的异量之美。

其作品的排列，分二或三个层次：一为所写之作品，二为所依据之平仄格式，三为此作之变格拗救，且谱式与拗救，系列分明，便于初学。其艺术水平远较《啄泥集》为胜。简言之，平淡而不流于浅俗，叙事而无碍于声律；格律更加整饬，技巧愈益娴熟。而且视野开阔，诗情浓挚，有炽热的爱国情怀和强烈的时代担当，在学习诗词的道路上为读者提供了成功的范例。以余观之，有功于诗学匪浅。

其上编为《红瘦歌——李清照诗传》，读之不禁令人想到千古才女李清照"绿肥红瘦"的名句。清照乃两宋著名女词人，其卓越才华和艺术成就，足堪与苏、辛并辔竞爽。但终因是"女流"之辈而为世所轻，以致作品散佚颇多。由此又联想到被称为"现代李清照"的著名女词人沈祖棻。祖棻，字子苾，浙江海盐人。抗日战争期间，以悱恻芬芳之笔，抒写家国情怀，被称为"明清以来无人可匹的爱国词人"。其业师汪旭初先生曾云："当世得名之盛，盖过于易安远矣。"更幸运的是，二十年后，诗词大家孔凡章先生以一首脍炙人口的七言歌行为她哀婉悱恻、困顿流离的一生及其在文学上的非凡成就铸造了一座巍峨的丰碑。

反观力压须眉、名传千古的才女李清照，却无此运气。然而苍天不负苦心人，转瞬间，悠悠千年过去了，她终于在当代诗坛邂逅了一位忠实的粉丝胡明香女史。她热爱清照，痴迷清照的诗词文章，视清照为诗艺的灵魂、文苑的导师。若干年前文化界曾兴起一股"诗传"热，几乎对每位古代著名文学家都有人写了"诗传"，但皆非以诗歌形式来叙写的。环顾周遭，在海量作者中，唯有胡明香女史冲破藩篱，别出机杼，以七言古诗的形式为李清照写了一篇货真价实的"诗传"。她熟谙李清照的生平际遇和家国情怀，对李清照的作品有独特的体悟。她根据自己搜集掌握的史料及其对李清照诗词文章的理解，将李清照的生平事迹，划分为二十四个诗章。结合当时的社会背景和李清照个人的活动轨迹，以或欢快、或温馨、或平实、或赞叹、或凄婉、或悲慨的笔致和韵调，为我们塑造了一位独立千古、傲视群雄的词坛英杰形象。她将李清照的诗词文章，弥合无迹地融会到优美的诗句中，并对若干疑难之处予以详明诠释，从而加深读者对李清照人格与作品的认知和理解。

在艺术上，作者承元白“长庆体”、吴伟业“梅村体”之流风余韵，以长篇七言歌行的形式，叙事写情，描绘人物，给读者留下了深刻印象。就篇幅长短而言，白居易的《长恨歌》不过七百九十八字，而《红瘦歌》则为一千三百五十二联，一万八千九百二十八字。当然，作品不可以长短论高下，但于此也可窥见作者于此诗用力之勤，必欲使之达于佳境而后快。不知何故，我又突然想起有唐以来兴起的弹词文学，即国学大师陈寅恪先生所谓“七字唱”者。他认为此类作品当以清季陈端生的《再生缘》为最佳。这样的长篇杰构，自非《红瘦歌》所能比肩，而两者在表达形式上却皆为七言长篇叙事诗。不过《再生缘》是“排比声韵”“属对律切”的排律，而《红瘦歌——李清照诗传》则多为七言散句，不为格律所拘囿，故在行文上更为自由，想象飞腾，遣词旷放，若有不可追摹者。

要之，《漱溪集》上下编皆为佳美之作。上编《红瘦歌——李清照诗传》在艺术上颇具创意，庶可作为他人之借鉴。下编《抱香吟——格律诗词及谱式》格律严谨，辞藻丰赡，技巧多样，意蕴深厚，芳菲之气，香人齿颊。如若在遣词用语上“清畅而不滑熟，精健而不生涩”（唐圭璋《词学论丛》），则庶可开出生面而臻于妙境。清初著名诗人宋荔裳曾云：“夫一艺之成，非专精且不能至，而况于诗乎？”余欲将此言转赠胡明香女史，未知其以为何如耶？是为序。

壬寅（2022 年）立秋日于洹上竹素斋

（作者系中华诗词学会会员，河南省作家协会会员，河南省诗词学会理事，安阳诗词学会原副会长。有《洹上吟》丛书和《朱现魁七绝选》行世。曾获河南省首届“诗圣杯”一等奖。）

序二

# 一卷锦章香满楼

## ——胡明香《漱溪集》品读

◎王光明

时近中秋，月映西楼。临窗开卷，清风徐来，享誉古代第一才女易安居士的词《一剪梅》（红藕香残玉簟秋）不禁涌上心头：

**红藕香残玉簟秋。轻解罗裳，独上兰舟。云中谁寄锦书来？雁字回时，月满西楼。**

**花自飘零水自流。一种相思，两处闲愁。此情无计可消除，才下眉头，却上心头。**

在这红藕香残、秋风乍起之时，欣赏这首意倾古今的婉词，没有闲愁的我却有一种感触才下眉头却上心头。

这感触便是由当今才女胡明香女士新著《漱溪集》而来。一卷锦章寄我收阅，月夜临窗捧卷，顿感香风扑面，满楼芬芳。在秋芳怡心的氛围中展读《漱溪集》，我深深感触，明香女士才于2019年底由李清照故乡的一家出版社正式出版了她的首刊著作《啄泥集》，仅时隔两载，其第二部著作《漱溪集》便将问世了。她的这两部作品我都是先期的读者，潜心研读之后，感受颇深。

《啄泥集》熔诗词作品与诗词理论、实践技巧于一炉，是一部既可以让诗歌同好欣赏格律典范佳作，又可以汲取创作理论与技巧的著作。这与林林总总诸多诗词理论专门著述大不相同，那些著作都是结合古人的诗词谈理论与技巧，而明香女士却别开生面，结合自己的作品也即切身体会谈创作技巧，现身说法，更具有实践性和可操作性。其诗词依典扣律，严谨规范，笔法运筹开合自然，晓畅际典雅可心，婉约处凄美动人，大有易安词风。

《漱溪集》又是一部别开生面的著作。其一是，当代文人为古代文人作传者本就不多，而当代诗家为古代诗人作传者更是鲜见。《漱溪集》上编《红瘦歌——李清照诗传》以长篇叙事诗的形式再现李清照的一生，实属我之所仅见。是什么动机和动力驱使明香女士为李清照作传的呢？以我和明香女士的交往及对她的了解，我认为主要有两方面因素促成：一方面是明香女士有着和易安居士相近的身世经历，同病而怜——这里的“怜”应为“爱”，是偏爱、钟爱，以至倾情为之；另一方面是明香女士把易安居士作为追慕的偶像，确立为自己的努力方向，向更高的目标迈进。这两方面也许我是妄揣，准确答案也只有其本人明香女士清楚。说《漱溪集》别开生面，其二是，本著作下编介绍诗词格律谱式和拗救技巧及其运用，并附作者谱式作品三百首，可学可循，可圈可点。在此仅举《摊破浣溪沙 · 清明悼亡夫》一例为范：

岁岁清明教我痴，苍天不雨墓先湿。独对遗容未开语，却噎辞。

怀旧花前花贮泪，念春叶下叶多丝。翻遍宋唐千万首，尽悲诗。

其词婉约且不多言，其就格律谱式的图解可让习词者一目了然，甚是应手。

《漱溪集》上编《红瘦歌——李清照诗传》，全诗二十四章，叙述高度凝练概括，因作者是用诗歌的艺术形式表述，难免要融入个人的观点和情感，因掌握的材料所限，对李清照生平事迹也不能面面俱到，这可能会招致一些专家学者的争议。我个人的见解是，为古代第一才女李清照作传本就难能可贵，而以诗叙之，诗不同于纪实文学，详略取舍完全在作者自己把握，也就无可非议了。且看她对词人作《如梦令》一词时的叙述：

文化启迪资聪慧，风采熏陶气卓然。
少女一阕如梦令，似响惊雷炸文坛：
常记溪亭红日暮，俏笑沉醉忘归路。
风停兴尽晚回舟，误入藕塘花深处。
争渡争渡问争渡，惊起满滩飞鸥鹭。
写尽娇态女儿欢，灵秀跌宕传千古。
…………

我们仅从这一叙述片段，即可看出，作者驾驭素材的能力与技巧十分娴熟，得心应手。其中既有对词的化解引入，又有对被写对象的仪态、情态、状态以及词的影响力等的表述，可谓恰如其分，虽简约而形神兼备。

眼下又值“红藕香残玉簟秋”之际，但我心中的秋却不是红藕香残，而是清芳怡人。明香女士的一卷锦章，使我的居所月满西楼、蓬荜生辉。捧香稿赏读，手不忍释，悠然心会。且任这令人陶醉的锦绣诗章伴着明月清风共度秋之美好。

谨祝明香女士岁月静好、妙思泉涌、锦章永续！

（作者系河南省作家协会会员，中州建安诗社社长，《建安诗文》主编。著有《心路韵语》等诗词歌赋集和散文集十卷。）

# 前 言

《漱溪集》分上下两编：上编为《红瘦歌——李清照诗传》，下编为《抱香吟——格律诗词及谱式》。

上编《红瘦歌——李清照诗传》采用长篇叙事诗古风体裁，全诗用一千三百五十二联诗句歌咏李清照的一生。从李清照出生到去世，将她七十三年的生命旅程，分为二十四章完整地叙述下来，为读者还原了形象丰满、多姿多彩、才华横溢的婉约派词宗、杰出女词人李清照的坎坷人生。在叙述李清照生命轨迹的同时，将李清照四十五首词分别对应融合到她某一特定的生活阶段，有助于后人理解原词的时代背景和意义，对研究李清照诗词创作具有确切的学术价值。

下编《抱香吟——格律诗词及谱式》，开篇第一章，将格律诗的核心内容分为平仄格式运用记忆诀窍、变格拗救技巧、格律诗写作特点与古风、词、自由诗对比一览等三节深入阐述，以便读者对后面格律诗谱式、拗救的理解；第二章包括五绝、五律、七绝，按照不同体裁分为三节；然后七律、词、古风各自独立成章。共五章六万余字。下编最大的特色是：除古风外，每一首诗词都说明本诗词所特有的格律谱式，同时针对诗中的拗救进行点评，对于初学写作旧体诗词的读者朋友，定会大有裨益，在实践中可起到立竿见影的效果。

下编《抱香吟——格律诗词及谱式》收录作者近年新作三百首诗词。划分章节的依据有两个因素：一是体裁，二是题材。如第二章包括五绝、五律、七绝三种体裁，又将每种体裁分为一节；第三章七律、第四章词、第五章古风的划分依据也是体裁；但这三章划分各节的依据则是题材，按照国家、社会、历史文化、个人生活、自然风光等内容的不同分节，既维护了各章节的清晰感，又维护了各节内容的整体感。

本书格律诗，凡未注明“平水韵”者、词未注明“词林正韵”者，皆使用中华新韵，不再逐一标注。

# 目 录

## 上编 红瘦歌——李清照诗传

## 下编　抱香吟——格律诗词及谱式

上　编

# 红 瘦 歌

## ——李清照诗传

# 李清照生平概述

## 一、命途多舛

李清照，号易安居士，宋朝婉约词派代表，享有“词宗”[①]和“千古第一才女”之美誉。

她生为名门之后，少女择偶，选择了志同道合、门当户对的佳婿，但公公却是父亲的政敌，于是伴随她的便是家庭的风云与孤凄；她长得俊秀清丽，却因为一生不育，备受公婆鄙弃；她遇到了心中所爱，丈夫却中年猝逝，抛下她孤苦无依；她为了维护弟弟前途、丈夫哀荣，拖着病体再嫁“匪人”，继而为逃出苦海还蹲了监狱，损了一生的荣誉；她虽然才气纵横，作诗填词压倒须眉，评文论道横扫纶巾，却在男权社会不能争得一席之地；她聪明灵秀，却不爱女红；她雅致温柔，却也果敢叛逆；她爱花、爱酒、爱烂漫，却在晚年落得凄风苦雨，化作一缕香魂，飘然异地，欲寻无迹。

她走了，但她的诗句却滋养着后人，百年、千年甚至更远，回响在神州大地。

---

①“词宗”：清纪昀《四库全书总目提要》云：“清照以一妇人而词格乃抗轶周、柳，虽篇帙无多，固不能不宝而存之，为词家一大宗矣。”清王士禛《花草蒙拾》云：“张南湖论词派有二，一曰婉约，一曰豪放。仆谓婉约以易安为宗，豪放唯幼安称首，皆吾济南人，难乎为继矣。”

## 二、一生如烛

李清照一生除了与丈夫赵明诚共同致力于金石书画的搜集整理外，最让她在历史上大放异彩的是她作为婉约词派之宗的文化贡献。她的词于今所存虽然仅有五十首左右，但无一首不工，而且有许多经典名句成为中华文化的瑰宝。

从李清照七十三年的生命中可以看出，她一生最幸福的生活是在做姑娘时自由疏放的闺中岁月，其次是夫妇屏居青州十年的清贫生涯，剩下的不是在经受离愁的煎熬，就是在战火中逃亡。最平静的虽然是定居杭州二十载的晚年生活，却是在咀嚼着丧夫的孤独中熬过的。

如果把李清照比喻为一支蜡烛，她个人的生活就是那燃烧过的灰烬，无色也无光；而她留给世界的词作却是蜡烛的光和热，千年不竭地温暖着后人，照耀着中华文坛。

## 三、生平经历

李清照，号易安居士，女，生于北宋神宗元丰七年（1084年），约卒于南宋高宗绍兴二十六年（1156年）。祖籍山东齐州章丘，又名绣江（今山东济南），去世于临安（今杭州），享年七十三岁。

李清照六岁随父来到东京开封府，在家中“有竹堂”读书学文。宋徽宗建中靖国元年（1101年），十八岁的她嫁给二十一岁的太学生赵明诚。宋徽宗崇宁二年（1103年）七月，受党锢之争牵连，李清照随父谪居山东老家，时年二十岁。崇宁五年（1106年），朝廷解除对元祐党人一切禁令，李清照回到京城婆家，时年二十三岁。宋徽宗大观元年（1107年）秋天，因李清照公公赵挺之被罢相猝死，赵明诚被免官，李清照随丈夫屏居山东青州，时年二十四岁。在青州长达十四年，直至宋徽宗宣和三年（1121年）秋天，李清照离开青州去莱州，与做太守的丈夫团聚，时年三十八岁。从此，至宋钦宗靖康二年（1127年）二月“靖康之难”发生时的六年里，李清照一直随丈夫在莱州、淄州官邸。同年三月，赵明诚辞去淄州太守任，去江宁（今江苏南京）奔母丧，随携十五车文物，李清照留守青州文物十几屋，时年四十四岁，夫妻再次分开。同年十二月，青州文物全部毁于战火，李清照只身携带从火海中救出的唯一一件文物《赵氏神妙帖》辗转敌占区奔赴江宁，于次年初来到江宁与做了江宁知府的丈夫团聚，时年四十五岁。面对十几屋文物烟消灰灭、几十年心血毁于一旦的事实，夫妻相对而泣，又无可奈何！南宋高宗建炎三年（1129年）三月，赵明诚因“缒城宵遁”事件被罢官。同年五月，夫妇雇船溯流而上向赣江，准备远离战火，避世隐居，来到池阳暂时住下。同年六月，朝廷下诏再次任命赵明诚为湖州知州。赵明诚骑马离开池阳，从陆路日夜兼程，冒酷暑返回江宁。李清照留守池阳等待赵明诚稳定后来接她一起去湖州。不料同年七月，等来的却是赵明诚在江宁病重的恶讯。李清照立刻动身从水路而下赶往江宁。夫妻相见时，赵明诚已经奄奄一息。同年八月十八日赵明诚去世，年仅四十九岁，李清照时年四十六岁。宋高宗绍兴二年（1132年），四十九岁的李清照误嫁“匪人”张汝舟，又状告张汝舟舞弊之罪，诉讼离异，入狱九天被无罪释放。从1129年八月赵明诚去世，至1136年定居杭州之前的七年时间里，李清照带着一批逐渐散失的文物，追随朝廷逃亡的脚步，一直在南方或海上辗转流离。其间曾跟随弟弟李迒一起逃亡，又逃到金华获得一段喘息，在定居杭州余杭门外西马塍时，她已经五十三岁。在此居住，直至约于宋高宗绍兴二十六年（1156年）离世，享年七十三岁。绍兴二十一年（1151年）她六十八岁时，将耗费夫妻一生心血的《金石录》编撰完成，并进献给朝廷，引起朝野轰动，获得极大的尊重。

总述李清照一生，其才华与成就让人肃然起敬，其坎坷与奋争引人极度同情。感叹之余，笔者咏诗一首，以概述易安不平凡的生命历程。

## 念易安

大宋词海万帆舟，无愧易安第一筹①。
才智受敬无已时，孤苦惹怜未尝休。
秋千蹴远嗅梅女②，嫁与赵家遇佳偶③。
金石好铸连理情④，诗词直教须眉羞。
党争倾轧骨肉离⑤，别绪熬煎黄花瘦。
铁蹄踏碎温柔第⑥，充栋文物葬东流⑦。
国破夫亡人漂泊⑧，异乡千里无处投。
风稠雨骤何由避，纸帐藤床为谁守？
常向落桐凝眉处⑨，梦断魂销悲与愁。
茹苦饮泪著诗词，留于后人颂千秋。

**注释：**

① 易安：宋朝著名女词人李清照，号易安居士。第一筹：即婉约词派代表之意。

② 嗅梅女：借易安词句“倚门回首，却把青梅嗅”指李清照。

③ 佳偶：指清照与丈夫赵明诚情投意合、志同道合。

④ 金石：夫妻二人共同搜集整理金石文物。

⑤ 党争：指元祐党人被摧残，李清照因父而受牵连。

⑥ 铁蹄：指金兵入侵。

⑦ 充栋文物：李清照夫妇所集文物留山东老家十余屋皆被战火焚毁，随赵明诚带出的十几车也散失殆尽。

⑧ 国破：北宋灭亡，南宋苟存；夫亡：赵明诚猝然去世。

⑨ 落桐：古诗中“桐死”“桐落”寓意配偶去世。

# 第一章　少女闯词坛

## 章　序

李清照出生于北宋神宗元丰七年（1084年），祖籍山东齐州章丘（今山东济南），章丘别名绣江，因境内有绣江而得名。李清照父亲李格非，字文叔，约生于北宋仁宗庆历七年（1047年），神宗熙宁九年（1076年），三十岁的李格非中了进士，后做到礼部员外郎。李清照母亲是北宋显宦王拱辰的孙女王氏，亦通晓文墨。

李清照在名门书香的熏陶中长大，年少聪慧，熟读经典，少有诗名，以两首《如梦令》“惊起一滩鸥鹭”“绿肥红瘦”和反对苏轼“以诗为词”的《词论》而震惊当时大宋文坛，成为闯入词坛的一匹黑马。本章记叙李清照从1084年出生至1098年之前，十五年的少女生活。

## 诗　叙

词宗清照出名门，北宋山东绣江人。
其父进士李格非，苏轼门生耿直臣。
三十续弦王氏女，女祖显宦王拱辰[①]。
更喜王氏善笔墨，学问满腹怀经纶。

生女清照性逆叛，传父智勇承母贤。
抓周宴上舞纸墨，不爱女红显非凡[②]。

开明父母少管束，诗书随女任彰宣。
为父研墨嚼词韵，听客论道问诗禅。
往来门户见雅士，上下书房悟机玄。
文化启迪资聪慧，风采熏陶气卓然。
少女一阕《如梦令》，似响惊雷炸文坛[③]：
常记溪亭红日暮，俏笑沉醉忘归路。
风停兴尽晚回舟，误入藕塘花深处。
争渡争渡唤争渡，惊起满滩飞鸥鹭。
写尽娇态女儿貌，灵秀跌宕传千古。

小女才大志高远，眼光犀利胸襟宽。
张耒诗感中兴颂，女色祸国作常谈[④]。
清照敢违权贵面，竟和两首浯溪篇。
直指负国有奸雄，汉皇淫逸是本源。
观点犀利见真灼，竟教须眉哑口言。
吟风弄月平常事，指点江山亦等闲。
诗出少女童颜手，气撼大宋男权天。
才华卓绝比纶巾，词句婉约胜儿男。
当世诗坛名声噪，便引宵小暗妒贤。

人怕出名猪怕壮，清照才名引中伤。
打马游戏男士业，女儿涉足则荒唐[⑤]。
清照聚友玩此道，吟诗喝酒戏闺房。
人传才女爱赌博，惹怒父亲面灰黄。
清照和颜慰慈父，细说游戏也分行。
引经据典论打马，不夺人财又何妨。
父女和解制采选，任他小人舌短长[⑥]。

文风蔚然有北宋，抑武扬文政清明。
满朝朱紫文人贵，读书不与百业同。
朝中常有田舍郎，銮殿更传女人声。
怨歌宫词出帝帷，引得才女鼓文风。
可恨男权统文界，诗词歌赋霸主声。
独占青楼填艳词，却鄙民女写衷情。
女子有才困枷锁，妇规妇道禁凤鸣。
写诗填词损德操，相夫教子受推崇。
清照酣畅抒闺怨，单枪独马斗男雄。
词坛闯入小女子，艺高胆大举世惊。
绿肥红瘦词一首，直教须眉耻人后⑦：
昨夜雨疏风却骤，浓睡怎得消残酒。
小心试问卷帘人，漫道海棠还依旧。
知否知否汝知否？定是绿肥红消瘦。
一语双关义无穷，绿肥红瘦画外声。
道破文坛海棠雨，男肥女瘦太不公⑧。
清照打破旧规范，谈诗论道胜负争。
妇人弄墨定原罪，举起璀璨一珠明。
娇花旖旎时过也，少女卷入风雨中。
雨疏风骤谁作伴？苍天正觅赵明诚。

**【注释】**

① 三十续弦王氏女，女祖显宦王拱辰：因为李格非的妻子关乎到李清照的生母为何人之重要问题，故历来史学界都非常重视李格非到底有几任妻子，李清照是李格非的哪一任妻子所生这两个问题。

第一个问题：李格非有几任妻子？据宋朝人庄绰《鸡肋编》载："岐国公王珪在元丰中为丞相，父准、祖贽、曾祖景图，皆登进士第……又汉国公准子四房，孙婿九人，余中、马玿、李格非、闾丘吁、郑居中、许光疑、张焘、高旦、邓洵仁皆登科。邓、郑、许相代为翰林学士。曾孙婿秦桧、孟忠厚同时拜相开府，亦可谓华宗盛族矣。”《鸡肋编》的作者庄绰是与李清照同时代人，他经历了北宋神宗、哲宗、徽宗、钦宗以及南宋高宗五代帝王，一生为官，学问渊博，著述颇丰。《鸡肋编》的资料价值一直为学术界所重视。据此可知，李格非是王珪的女婿，是王珪之父汉国公王准的孙婿。

又根据李清臣奉诏撰写的《王珪神道碑》中相关内容，证明王珪的长女嫁给了当时做郓州教授的李格非，而且她早在王珪去世之前就已经去世。这就证明李格非的第一任妻子是王珪的长女，而且早卒。

那么李格非的第二任妻子是谁？据《宋史》载，李格非“妻王氏，拱辰孙女，亦善文”。在第一任妻子时，李格非是汉国公王准的孙婿，可见第二任妻子王氏时，李格非是王拱辰的孙婿。王拱辰是北宋时期的显宦，卒于宋神宗元丰八年（1085年）七月。

第二个问题：李清照的生母为何人？那么，李清照的生母是李格非的前妻还是续弦呢？根据李格非前妻早在她父亲王珪去世之前就已经去世，而李清照是在王珪去世前一年（1084年）出生的时间节点，学术界基本认定李清照的生母是李格非的续弦王氏（王拱辰之孙女）所生。确认李清照生母是李格非续弦王氏，还有两个依据：一是李清照出生时父亲李格非已经三十七岁，且据史料显示李格非亲生只有一女一男，即李清照和弟弟李迒。可见，李格非得子晚，更为李清照系续弦所出提供了依据。二是在李清照少女时代的诗词中并没有少年丧母的身世孤苦之情绪，也可见她和弟弟李迒都是李格非的续弦王氏所生。

因此本句“三十续弦王氏女，女祖显宦王拱辰”所述，即遵从了李格非续弦王氏，该王氏为显宦王拱辰之孙女的历史史料。

② 抓周宴上舞纸墨，不爱女红显非凡：据《东京梦华录》记载：“至来岁生日谓之周晬。罗列盘盏于地，盛果木、饮食、官诰、笔砚、算称等经卷针线应用之物，观其所先拈者，以为征兆，谓之试晬，此小儿之盛礼也。”李格非在李清照满周岁时，遍邀亲朋庆贺，酒席之上拿出一堆物什来举行抓周仪式。虽然李清照是个女孩，但李格非别出心裁，不仅放了一般试验女孩时所放的针线刀尺，同时也放了试验男孩时才放的笔墨纸砚在女儿面前。出乎所有人意料，李清照对放在眼前的女孩子都喜欢的红红绿绿的绣线根本不感兴趣，反而一把抓住了纸笔开心地挥舞。她的异常举动引得在场的亲朋纷纷惊叹：她将来必然是个女书生了。李格非看到女儿的选择，也一笑置之，如果将来女儿不爱女红爱纸墨，在他眼里也不算什么大逆不道之事。这次抓周礼似乎预示了李清照的非凡人生。

③ 少女一曲《如梦令》，似响惊雷炸文坛：指李清照词《如梦令·酒兴》：“常记溪亭日暮，沉醉不知归路。兴尽晚回舟，误入藕花深处。争渡，争渡，惊起一滩鸥鹭。”

④ 张耒诗感中兴颂，女色祸国作常谈：李格非邀请张耒、晁补之等好友在家中饮酒，张耒针对元结撰文、颜真卿书写的《中兴颂碑》写了一首《读中兴颂碑》古风读给大家听：“玉环妖血无人扫，渔阳马厌长安草。潼关战骨高于山，万里君王蜀中老。金戈铁马从西来，郭公凛凛英雄才。举旗为风偃为雨，洒扫九庙无尘埃。元功高名谁与纪，风雅不继骚人死。水部胸中星斗文，太师笔下龙蛇字。天遣二子传将来，高山十丈磨苍崖。谁持此碑入我室，使我一见昏眸开。百年废兴增叹慨，当时数子今安在？君不见荒凉浯水弃不收，时有游人打碑卖。”

安史之乱中唐玄宗仓皇出逃，唐肃宗即位后迅速收复洛阳、长安。元结所写的《大唐中兴颂》便是歌颂唐肃宗丰功伟绩的文章，在771年由大书法家颜真卿书写，刻在祁阳浯溪（今湖南祁阳）悬崖上。张耒在诗中从杨贵妃被缢死马嵬坡说起，表达了“女人是祸水”的传统观点，对战乱造成的惨状进行了概括，赞美了大将郭子仪的平乱大功，感叹无人为纪功名的心情。

在男性主导的北宋社会，张耒的这种看法也算中规中矩。众人听完也纷纷赞叹其诗刚劲有力。

但是在一边旁听的闺阁少女李清照却微微叹气，她原本不想当众反驳前辈，但她实在无法接受张耒的观点，她的个性也不允许自己压抑着独特看法而人云亦云，于是挥毫写下《浯溪中兴颂诗和张文潜二首》，墨迹潇洒，一气呵成。其一：“五十年功如电扫，华清宫柳咸阳草。五坊供奉斗鸡儿，酒肉堆中不知老。胡兵忽自天上来，逆胡亦是奸雄才。勤政楼前走胡马，珠翠踏尽香尘埃。何为出战辄披靡，传置荔枝多马死。尧功舜德本如天，安用区区纪文字。著碑铭德真陋哉，乃令神鬼磨山崖。子仪光弼不用猜，天心悔祸人心开。夏商有鉴当深戒，简策汗青今具在。君不见当时张说最多机，虽生已被姚崇卖。”其二：“君不见惊人废兴传天宝，中兴碑上今生草。不知负国有奸雄，但说成功尊国老。谁令妃子天上来，虢秦韩国皆仙才。花桑羯鼓玉方响，春风不敢生尘埃。姓名谁复知安史，健儿猛将安眠死。去天尺五抱瓮峰，峰头凿出开元字。时移势去真可哀，奸人心魄深如崖。西蜀万里尚能返，南内一闭何时开。可怜孝德如天大，反使将军称好在。呜呼，奴辈乃不能道辅国用事张后专，乃能念：春荠长安作斤卖。”

李清照这两首诗虽然是和诗，但其旨意却比张耒高出很多。在这两首诗中，李清照分析了安史之乱发生的原因，总结了经验教训，鞭挞了昏聩的皇帝和误国的奸佞。她看到了朝政腐败才是导致奸雄得志的真相，她也没有忽视杨家兄妹是造成“六军不发”的导火索，但也不认为女色是亡国根本，而是重点批判了唐玄宗荒淫逸乐、骄盈自满之罪，同时还用借古讽今的方式表达了自己对北宋末年朝政腐败的担忧，所表现出的卓越才识和理智公允的观点不仅超越了同辈的男子，更让在座的前辈文人都自叹弗如。张耒大赞李清照诗，其犀利的笔触完全不似出于女子之手。

在此之前，人们都以为李家才女不过是吟风弄月的闺阁之辈，自从这两首诗问世之后，大家才发现李清照的才华远不止于描写花草树木、女儿情思，她有着超出一般男子的犀利目光和胸怀。

⑤ 打马游戏男士务，女儿涉足则荒唐：打马是赌博的一种，也是当今麻将的前身。当李格非听到“才女爱赌博”的诽谤而生气地责问李清照时，她不但不认错，反而据理力争，搬出《唐律疏议》辩解：“真正的赌博乃‘博戏赌财物’，而我们闺房玩乐‘虽赌钱，尽用为饮食者，亦不合罪’。只要参与博戏游戏的人不以非法获取他人财物为目的，博戏就只是一种单纯的娱乐活动，怎么都不算是犯罪，父亲又何必生气呢？”在这个社会里，男子可以到处游玩赌博博戏，女儿家偶尔在闺房博戏也只是赌酒吟诗而已，却遭来这么大的是非风波，她很不平。在别人眼中，博戏是用骰子来决定胜负，不过是运气罢了。但是，李清照认为其中智慧的成分也很重要，自己大多时候都能赢，绝不是靠运气，靠的是自己精妙的猜算。她的这种智慧为后来做《打马图序》奠定了基础。

⑥ 父女和解制采选，任他小人舌短长：在说服了父亲之后，父女二人共同推举了“采选”和“打马”两种闺房雅戏。“采选”类似旅行棋，在格子上绘出各种大小官位，并附有官阶说明，游戏者依靠骰子前进或后退，最后至官位最高者得胜。因为这

个游戏需要记住纷繁复杂的官宦常识，所以“能通者少”，李清照也罕逢对手。“打马”游戏由来已久，类似象棋和麻将，分为两种，一种关西马是“一将十马”，另一种“依经马”是“无将二十马”，后者难度更大，所以李清照也更喜欢“依经马”。

⑦ 绿肥红瘦词一首，直教须眉耻人后：指李清照词《如梦令》：“昨夜雨疏风骤，浓睡不消残酒。试问卷帘人，却道海棠依旧。知否，知否？应是绿肥红瘦。”

⑧ 道破文坛海棠雨，男肥女瘦太不公：比喻文坛上的男强女弱犹如风雨中的海棠，绿肥红瘦。

# 第二章　相遇天有意

## 章　序

李清照六岁随父到京都汴京生活。在繁华的大都市，她没有沉浸于女子们热衷的衣着打扮、针织女红，而喜欢女扮男装探寻都市文化。由此，在一家饭店辩论词道时认识了赵明诚，这次偶然相遇竟铸就了一段绝世良缘。本章记叙李清照1099年十六岁时在汴京认识赵明诚的经历。

## 诗　叙

芳年才女诗名扬，随父居京仕宦场。
都城繁华太平日，灯宵月夕人徜徉。
花时雪际妆水榭，青楼画阁绣雕梁。
香车竞驻天街满，宝马争驰御路忙。
柳陌花衢金翠耀，茶坊酒肆绮罗香。
按管调弦巧笑弄，吹箫喧鼓舞姿芳。
四海之珍集市易，寰宇之味列庖房。
花光满路游人醉，绣户珠帘夜宴长。
和风细雨太平世，文人雅士竞辉煌。

娴静优雅闺中女，打开视野新天地。
身处繁华心猿放，不屑女红荒棋弈。

行事酷有男儿志，心胸不输丈夫气。
富家子弟弄犬马，勾栏酒肆风月戏。
清照高标寻境界，女扮男装出府邸。
远离胭脂布匹店，不看街头表演艺。
酒楼花市她最爱，身边必带李迒弟。
遇仙正店台阁绣，鹅鸭排蒸让人喜①。
美酒珍馐教微醺，李迒打嗝逗童语。
清照笑弟憨厚态，举杯一饮欲离席。
忽听有人论诗词：李八郎后无人继②。
辩手大赞苏东坡，以诗为词是圣举③。
清照听罢哑然笑，阐述词观到隔壁：
以诗为词大不妥，词之根本在音律④。
隔壁公子着白衣，剑眉星目神俊逸。
一见少年是知己，作揖请教闻详细。
清照本自有担当，敢作敢为细阐举：
五音六律与清浊，协律可歌词有据。
倘若诗词界混淆，词体之存又何必。
此言一出举坐震，苏轼大人谁敢逆！
清照言罢潇洒走，留下满座面面觑。
白衣公子追门外，少年早已影无迹。
急问店家客何人，方知真身李才女。
寻道觅迹追花市，似乎心灵被牵系。
仿佛早在梦中见，今日苍天教相遇。

大都花市人潮涌，不见伊人俏丽踪。
朝朝暮暮摄魂人，仿佛前世定今生。
跑遍花丛无倩影，生命美好一时空。
大汗湿衫望穿眼，蓦然回首闻笑声。

清照插花逗小弟，惊见论诗公子容。
公子作揖忙自报：赵府三子赵明诚。
神态狼狈语无伦，双目火热全是情。
清照自认李家女，还礼转身面已红。
路尽回望相逢处，公子痴痴原地停。
眼波才动已被猜，至此两情始结盟。

**【注释】**

① 遇仙正店台阁绣，鹅鸭排蒸让人喜：遇仙正店是当时汴京著名的饭店酒楼，这里的招牌菜有鹅鸭排蒸、角炙腰子、莲花鸭签、乳炊羊等，很受顾客喜爱。

② 忽听有人论诗词，李八郎后无人继：据李清照《词论》载："乐府声诗并著，最盛于唐。开元天宝间，有李八郎者，能歌擅天下。时新及第进士开宴曲江，榜中一名士先召李，使易服隐姓名，衣冠故敝，精神惨怛，与同之宴所。曰：'表弟愿与座末。'众皆不顾。既酒行，乐作，歌者进，时曹元谦、念奴为冠。歌罢，众皆咨嗟称赏。名士忽指李曰：'请表弟歌。'众皆哂，或有怒者。及转喉发声，歌一曲，众皆泣下，罗拜曰：'此李八郎也。'自后郑、卫之声日炽，流靡之变日烦，已有《菩萨蛮》《春光好》《莎鸡子》《更漏子》《浣溪沙》《梦江南》《渔父》等词，不可遍举。五代干戈，四海瓜分豆剖，斯文道熄。独江南李氏君臣尚文雅，故有'小楼吹彻玉笙寒'　'吹皱一池春水'之词。语虽奇甚，所谓'亡国之音哀以思'也。"

③ 辩手大赞苏东坡，以诗为词是圣举：辩论者认为，现在的诗词成就超过过去文人，比如柳永和晏殊成就就很大，还有苏轼提出的"以诗为词"观点更是高超。

④ 以诗为词大不妥，词之根本在音律：据李清照《词论》载："盖诗文分平侧，而歌词分五音，又分五声，又分六律，又分清浊

轻重。且如近世所谓《声声慢》《雨中花》《喜迁莺》，既押平声韵，又押入声韵。《玉楼春》本押平声韵，又押上去声，又押入声。本押仄声韵，如押上声则协，如押入声，则不可歌矣。王介甫、曾子固文章似西汉，若作一小歌词，则人必绝倒，不可读也。乃知词别是一家，知之者少。”

# 第三章　相思苦阻隔

## 章　序

自从饭店论词、花市相识之后，李清照和赵明诚便互有好感，各自都觉得对方就是自己要找的那另一半，于是双双陷入相思之中。而他们绝对没有想到，自己的婚姻却被政治斗争所裹挟。原来，李清照父亲李格非和赵明诚父亲赵挺之是朝堂上的冤家对头，他们都不同意与对手做亲家。两位冤家父亲的态度将这对有情人置于痛苦的深渊之中。本章记叙1099—1101年两年左右的时间里，李清照与赵明诚相思相恋而不被家庭认可的痛苦生活。

## 诗　叙

花市一见结缘来，芳华为君情窦开。
魂思总被春风度，烂漫韶华随雨裁。
荷塘鸥鹭无人惊，溪亭小舟已生苔。
轩窗闲闭怨春深，重帘慵卷思萦怀[①]。
远山出云催薄暮，细风吹雨凋桃腮。
梨花欲谢忧难禁，倚楼理琴愁不排。
幽怨都付《浣溪沙》，父母暗把女儿猜。
原来所思赵明诚，父亲长叹命不该[②]！

明诚之父赵挺之，家在山东亦进士[③]。

吏部侍郎就高官，追随安石变革志。
清照之父李格非，保守一派跟苏轼。
赵李原有同乡谊，一旦为敌两对峙。
想改重文抑武弊，神宗即位励图治。
保守改革斗激烈，旋涡深处神宗死。
支持保守高太后，废除新法复旧制。
倏然之间太后薨，专权大位宋哲宗。
哲宗再复神宗策，改革一派又威风。
只憾天违人事愿，新政复起哲宗崩。
大政新旧改复改，金銮殿上走马灯④。
赵李两家为政敌，荣辱升贬激烈争。
可怜痴情小儿女，婚姻直教政治烹。
美满姻缘一沟横，刻骨相思两地空。

眼看又到寒食天，清照心思异往年：
往年寒食户外乐，今年闺中闷坐闲。
淡荡春光无心赏，帘内呆对玉炉烟。
伙伴喧哗玩斗草，辗转清照藏愁颜。
梦里梦外缠思绪，金钿脱落散髻鬟。
不赏仲春花万紫，满眼梅枯柳生绵。
再无踏春游乐趣，任凭疏雨湿秋千。
《浣溪沙》中诉心事，父母窥见女儿天⑤。
清照双亲最疼女，此时却如鏊上煎：
若遂女嫁政敌媳，幸福恐被党争淹。
果真否定爱女意，女苦亲人亦何甘？
左右进退何处是，谁有妙策解此难！

【注释】

① 轩窗闲闭怨春深，重帘慵卷思萦怀：指李清照词《浣溪沙》：“小院闲窗春色深，重帘未卷影沉沉。倚楼无语理瑶琴。　远岫出云催薄暮，细风吹雨弄轻阴。梨花欲谢恐难禁。”

② 原来所思赵明诚，父亲长叹命不该：父亲，指李清照之父李格非。他了解赵明诚为何人，所以叹气。赵明诚是赵挺之的幼子，排行老三，李格非并不是否定赵明诚，而是不愿意与赵挺之结为亲家，因为李格非与赵挺之是政敌。宋神宗于1067年即位，次年改国号熙宁。宋神宗希望通过革新政策改变朝廷重文抑武制度造成的军队力量薄弱、战斗力不强的现状，让军事、经济与文化同时发展，从而使积贫积弱的社会重新振兴起来。于是，王安石、吕惠卿等人成为宋神宗的得力助手，组成强有力的改革派集团。同时，司马光、苏轼等人在赞成宋神宗改革宗旨的前提下，认为王安石的改革方案太过激进，应该采取比较温和的渐进式方案逐步改革。实际上司马光一派也赞成改革，只是不赞成王安石这种大刀阔斧的方式，因此被称为保守派。因为政治见解方面矛盾尖锐，不可调和，故两派之间斗争激烈，互不相让，视为仇敌。

赵明诚的父亲赵挺之是王安石改革派中的中坚力量；而李清照的父亲李格非是苏轼的学生，当然也是司马光、苏轼保守派的重要成员。这样一来，李格非与赵挺之就属于政敌，两家鲜有来往。原本李家与赵家还有同乡之谊，但是在官场政治面前，这一切都不值一提了。

可以想见，当李格非知道自己的爱女所思为赵明诚时，心里该有多么纠结：如果顺了女儿，与赵家联姻，担心女儿因此陷入政治斗争的漩涡，而那样的生活何谈幸福；如果按照自己的心愿，为女儿另择佳婿，又怕伤了女儿的心，那样，女儿的幸福也会被葬送。左右为难的李格非，对李清照与赵明诚婚姻的态度一直不明朗，因为他实在不希望女儿因成为政敌的儿媳而受到任何委屈。

③ 明诚之父赵挺之，家在山东亦进士：赵明诚的父亲赵挺之是山东密州（今山东诸城）人。中进士之后，先后担任过教授、通判、吏部侍郎等职务。赵挺之的形象在苏轼、李格非保守派人的眼中并不高大。据《宋史·赵挺之传》载："挺之在德州，希意行市易法。黄庭坚监德安镇，谓镇小民贫，不堪诛求。及召试，苏轼曰：'挺之聚敛小人，学行无取，岂堪此选。'"除了李格非看不惯赵挺之，苏轼对赵挺之也非常不满，认为他通过变法来聚敛财物，搜刮民脂民膏。

但是，对赵挺之的评价在历史上也并不一致。有人认为他是奸佞，依据是他曾经与奸佞之臣蔡京来往密切，因此不少人将赵挺之视为宵小之徒；但也有人认为他是一个改革家。而且从史料中记载的几件事来看，他也有过令人赞赏的行为。据《宋史·赵挺之传》载："（赵挺之早年）通判德州。哲宗即位，赐士卒缗钱，郡守贪耄不时给，卒怒噪，持白梃突入府。守趋避，左右尽走。挺之坐堂上，呼问状，立发库钱，而治其为首者，众即定。"当郡守因为贪污激起士卒造反、左右尽逃走时，赵挺之作为通判，能够临危不惧、镇定应变并妥善解决问题，这也说明了他的胆略与公正的处事原则。《宋史·赵挺之传》还记载："魏境河屡决，议者欲徙宗城县。转运使檄挺之往视，挺之云：'县居高原千岁矣，水未尝犯。今所迁不如旧，必为民害。'使者卒徙之，才二年，河果坏新城，漂居民略尽。"从这件事可以看出赵挺之是一个能够力排众议、敢于说真话的人。

可以想见，赵挺之在对待三儿子与李格非之女的婚事上持反对态度也就不足为奇了。

④ 大政新旧改复改，金銮殿上走马灯：这一联概括了北宋在改革

变法过程中两派之争所经历的三位皇帝四个阶段的政治风云。

第一阶段是宋神宗变法时期，约十七年时间。宋神宗熙宁元年（1068年）任用王安石开始，至元丰八年（1085年）宋神宗去世，这十七年间虽然变法也曾经遭遇曲折，但在宋神宗支持下变法总算一直在进行中。

第二阶段是宋哲宗继位、高太后垂帘听政时期，约七八年时间。宋哲宗元祐元年（1086年），年仅十岁，所以由其祖母高太后临朝听政。高太后原本就不支持变法，于是任用司马光为宰相，尽废新法，恢复旧法，斥逐所有变法派官员，史称“元祐更化”。

第三阶段是宋哲宗执政的后半期，继续推行新法，约六七年时间。高太后去世之后，宋哲宗亲政，再次启用变法派人物，继续推行神宗留下的变革之法。在宋哲宗执政（1086—1100年）的元祐、绍圣、元符共十四年当中，前期是高太后垂帘听政近一半年份，保守派掌权推行旧法；后一半年份是宋哲宗掌权，推行新法，变法派兴盛，保守派受到打击。

第四阶段是宋徽宗建中靖国元年之后。经过几次反复，到宋徽宗继位时，新旧两派之间的斗争已经到了白热化阶段。虽然宋徽宗也是支持变法的，但他并不愿看到朝堂上的斗争发展到越来越难控制的局面，于是不得不秉持着持中的态度有意进行调和，并改国号为“靖国”。这一年宋徽宗的治国理念还是想平息朝堂党争、求得和谐发展的，所以召回了被远贬儋州的苏轼，旨在尽量弥合两党矛盾。因此，这短暂的风平浪静也为李清照与赵明诚的婚姻创造了一个良机。

⑤ 《浣溪沙》中诉心事，父母窥见女儿天：指李清照词《浣溪沙》：“淡荡春光寒食天，玉炉沉水袅残烟。梦回山枕隐花钿。　海燕未来人斗草，江梅已过柳生绵。黄昏疏雨湿秋千。”

# 第四章　相合前路艰

## 章　序

赵明诚因不热衷仕途、喜欢金石字画而不受做高官的父亲待见，现在又拒绝父亲主张的别家女子而坚持要与李格非之女成婚，这导致了赵家父子的激烈矛盾。李清照听说此事后，写词以咏桂花暗示自己的非凡，同时以批判屈原来讥讽赵挺之的平庸无知。而赵明诚则智斗父亲，巧用让父亲解梦的方式暗示自己与李清照结合是天赐姻缘。与此同时，在朝堂上也发生着翻天覆地的变化，哲宗去世，徽宗登基，新皇帝、新政策对这对恋人是福还是祸呢？本章记叙1099—1101年之间赵明诚坚持选择李清照做伴侣，与父亲斗智斗勇的过程，及李清照在赵家父子登门定亲时的表现。

## 诗　叙

出身赵家第三子，明诚也爱作诗词。
漠然两兄仕途路，醉心字画与金石[①]。
不避苏黄为父敌，半简数字必收之[②]。
惹怒父亲斥忤逆，不务正业羞祖祠。
清照乃是政敌女，安得结为连理枝[③]。
纵有千般万般好，大道不同一语辞。
明诚坚守心中爱，拒绝庸女盼相知。

意志坚定不犹豫，人生征途挽知己。
任凭历程多磨难，奋不顾身再争取。
父亲不偿儿子愿，声言汴京任他娶。
政敌之家难结缘，何必非他李家女。
明诚不遵父母命，落得不孝又忤逆。
拒绝豪门媒妁言，父子矛盾更加剧。

清照闻言赵氏谋，《鹧鸪天》词诉温柔[④]。
明诚急切打开看，读罢不觉泪噎喉：
桂花飘香虽入秋，分明花中第一流。
暗淡轻黄体性弱，情疏迹远只香留。
何须浅碧深红色，画阑开处冠中秋。
骚人自是无情思，何事当年不见收。

清照情操比桂花，婉柔恬静品性佳。
超凡脱俗自芳馥，卓尔不群冠百葩。
表面评骘责屈原，不识真金怨赵家。
何故只闻铜臭气，我自高洁向汝夸。

青鸟传笺清照词，柳暗花明困顿时。
她携墨香飘然来，点亮公子灵魂诗。
两情相悦挽春秋，真爱能教冥顽痴。
似水流年从此立，生命开花有人知。

委婉高贵凄楚楚，直教明诚不自主。
坎坷焉阻相爱道，今生怎把才女误？
笃定傲然鸿鹄侣，拒纳平庸燕雀妇。
认取前辙找教训，决定智斗高官父。

父亲下朝回府邸，明诚书房忙行礼：
刚才儿子做一梦，还望父亲解其意。
仙人赠我一奇书，齿颊留香文华丽。
读到醉心忘我处，一觉醒来都不记。
其中只记词三句，请教父亲解谜底：
言与司合安上脱，芝芙草拔是何意[5]？
睿智父亲开颜曰：吾儿好命天赐喜。
言与司合是词字，安上已脱即为女。
芝芙草拔乃之夫，此桩姻缘是机遇。
三词之意定汝命，词女之夫是本意。
明诚紧追问父亲：梦里仙书定儿婚？
父亲一笑已了然，儿子才女情义深。
仙书谶语儿设计，为迎词女进赵门。
不禁心动意凄然，可怜逆儿费苦心。

苍天不负有情人，此时皇帝又换新。
哲宗死去徽宗继，两派争斗冰火分。
徽宗建号为靖国，欲弹江山和谐音。
改革保守五十板，胜负对错无疏亲。
朝堂气氛渐回暖，李赵和解认乡邻。
喜煞这对小男女，风雨过后盼联姻。

靖国元年暖风扬，早春归燕戏雕梁。
赵家父子欲登门，求婚定缘李家堂。
清照惊喜不自胜，芳心难耐出闺房。
一阕令词《点绛唇》，画尽秋千荡娇娘[6]。
娥娥粉妆花枝秀，秋千长蹴薄汗透。
凝神静听家奴报，望眼欲穿大门口。

娇体疲惫客无音，汗露已浓花颜瘦。
下得秋千臂感麻，起来慵整纤纤手。
忽听佳客上门来，袜划金钗丢身后。
羞红双颊疾步去，焉忍郎来不回首？
千思万念不得见，见面怎舍和羞走？
转身倚门抬柳眉，又怕贵客念其咎。
手捻青梅半遮面，假装嗅梅把郎瞅。
有情终将成眷属，从此生命便携手。

【注释】

① 漠然两兄仕途路，醉心字画与金石：赵明诚虽然出身官宦之家，却有着较强的叛逆精神，他不屑走两个哥哥的仕途之路，而是热衷金石收藏。这种爱好除了自身兴趣之外，也与当时北宋知识分子阶层弥漫着浓重的疑古惑今思想有关。有一种观点认为，经典的文献方册所传者，已经数千万传之后，距离亲承之道甚远，所以不再笃信文献，而是关注金石考证。赵明诚《金石录序》云："余自少小，喜从当世学士大夫访问前代金石刻词，以广异闻。后得欧阳文忠公《集古录》，读而贤之，以为是正讹谬，有功于后学甚大。惜其尚有漏落，又无岁月先后之次。思欲广而成书，以传学者。"因为受到了欧阳修的影响，赵明诚希望通过金石刻词来达到的目的，在李清照《金石录后序》中说得很明白："正讹谬，去取褒贬，上足以合圣人之道，下足以订史氏之失"，为"后世好古博雅者"保存重要史料。有了这样的人生追求，他自然不在乎什么仕途与富贵，"虽处忧患困穷，而志不屈"，"乐在声色犬马之上"。赵明诚这样的人生志向当然不会受到身为高官的父亲赵挺之的赞赏，所以，在弟兄三人中，赵明诚是最不得父亲宠爱的那一个。

② 不避苏黄为父敌，半简数字必收之：苏黄，苏轼和黄庭坚。赵

明诚对于前辈文人的作品非常喜爱。虽然父亲赵挺之是改革派，与保守派的苏轼和黄庭坚政见不合，但他却很喜欢苏轼和黄庭坚等人的作品，得到一点点都要抄录收藏起来。正是因为这一癖好，再加上他不好仕途，使他在父亲眼中成了不务正业的逆子，故而失宠于父亲。

③ 清照乃是政敌女，安得结为连理枝：政敌女，李清照之父李格非是司马光、苏轼保守派集团的成员，赵明诚之父赵挺之是王安石集团的改革派。因此，从政治角度说，李格非与赵挺之为政敌，他们两人都不赞成这门婚事。

④ 清照得知赵氏谋，《鹧鸪天》词诉温柔：指李清照词《鹧鸪天·桂花》："暗淡轻黄体性柔，情疏迹远只香留。何须浅碧深红色，自是花中第一流。　梅定妒，菊应羞，画阑开处冠中秋。骚人可煞无情思，何事当年不见收。"李清照表面责怪屈原，实则暗示赵挺之"无情思"，不赏识李清照的高贵品质。

⑤ 言与司合安上脱，芝芙草拔是何意：据元代伊士珍《琅嬛记》载，赵明诚幼时，其父将为择妇。明诚昼寝，梦诵一书，觉来忆三句："言与司合，安上已脱，芝芙草拔。"以告其父。其父为解曰："汝殆得能文词妇也。'言与司合'是'词'字，'安上已脱'是'女'字，'芝芙草拔'是'之夫'二字，非谓汝为词女之夫乎？""后李翁以女女之，即易安也。果有文章。"

⑥ 一阕令词《点绛唇》，画尽秋千荡娇娘：指李清照词《点绛唇》："蹴罢秋千，起来慵整纤纤手。露浓花瘦，薄汗轻衣透。　见客入来，袜刬金钗溜。和羞走，倚门回首，却把青梅嗅。"

# 第五章　新婚燕尔时

## 章　序

因为宋徽宗想调和朝堂之上保守派与改革派之间剑拔弩张的紧张局势，于是改国号为“靖国”，并采取和稀泥政策使得两派之间出现了暂时的缓和状态。这样，礼部员外郎李格非和吏部侍郎赵挺之也便重新恢复老乡关系，并同意儿女婚事，双方结为亲家。宋徽宗建中靖国元年（1101年），十八岁的李清照嫁给了二十一岁的太学生赵明诚，有情人终成眷属。婚后赵明诚依旧读太学。小夫妻虽常别离，但每隔半月明诚回家，也常小聚，唱和、赌书、喝酒、去相国寺淘宝，生活得似神仙眷侣。却不知天妒恩爱，灾难正悄悄逼近而他们浑然不觉。本章记叙1101—1103年赵明诚读太学期间，李清照与赵明诚婚礼及新婚后的幸福生活。

## 诗　叙

五代十国乱世里，礼崩乐坏人无义。
北宋一统治天下，规范社会建秩序。
最重家庭伦理道，治家行事礼教齐。
诚敬谨慎数婚配，关乎宗庙与后继。
清照婚姻要合法，还需经过六道礼[①]：
纳采问名并纳吉，纳征请期亲迎娶。
纳征之日下聘礼，婚姻关系便确立。

亲迎环节娶新妇，赵李两家更仔细。
李家礼部员外郎，赵家吏部侍郎匹。
朝中大员攀亲家，才女才子结连理。
轰动汴京朝野地，大街小巷漾喜气。
百姓空巷观婚嫁，朝中官员来贺喜。
城东门外三只鼎，象征高贵尊严意。
明诚盛装捧双烛，魁梧英姿徐步履。
清照倩装随其后，走出李家生养地。
花轿香车披红马，锣鼓鞭炮天街挤。
浩浩荡荡迎亲队，轰轰烈烈入赵第。
祭祀祖宗跪父母，夫妻对拜结俦侣。
繁琐礼仪黄昏后，红烛摇曳照妻婿。
朝夕梦幻已成真，眼前正是心上人。
相识相知到相爱，爱情总蒙政治云。
云开雾散成眷属，从此生命为汝新。
漫漫征途永携手，不离不弃作知音。

天地人物分凡仙，清照夫妻不一般。
志同道合趣高雅，赋诗饮酒话古贤。
金石字画最着迷，如痴如醉彻夜谈。
蜡烛燃完不尽兴，谈到鸡鸣方入眠。

赵李两户皆文官，不容豪奢具清廉。
明诚尚为太学生，无职无权也无钱。
初一十五两天假，相国寺中赏古玩[②]。
此处汴京繁华地，金石文物聚北南。
虽然袋中钱币寡，尽其所能购喜欢。
每当买得珍稀物，如获至宝带家园。

偶见明诚连叹气，清照细问为哪般。
原来发现一奇物，很想购买但缺钱。
担心夜长难久留，愁苦不迭叹连连。
清照打开陪嫁箱，当衣买奇将梦圆[3]。
明诚开心似孩童，二人秉烛彻夜谈。
如此贴心好妻子，志同道合绝世缘。
深感苍天佑凤凰，夫妻恩爱情缠绵。
二人乘兴逛花市，卖花担旁且流连。
又到首次相遇处，今生钟情是初见。
明诚回忆当时景，清照脸红笑嫣然。
买得一枝春欲放，泪染露痕晓霞丹[4]。
回家巧簪乌发上，俏皮自矜又娇憨：
奴面花面谁更好，偏要教郎比并观。
檐边紫燕羡恩爱，比翼绕梁久盘旋。

清照新婚赵家喜，上下媳妇谁堪匹？
词坛佼佼人刮目，才貌双全多赞语。
清照一阕《渔家傲》，自喻红梅情操异[5]：
雪里先报春信到，寒梅点缀琼枝腻。
香脸半开娇旖旎，傲立赵家当庭际。
东风带雪裹冰肌，犹如玉人新装洗。
造化可能偏有意，故教明月玲珑地。
举杯赏梅莫辞醉，此花不与群花比。
明诚爱花爱清照，清照惜花亦自许。

明诚依然太学修，清照空闺寂寞稠。
相思寄语《一剪梅》，妙句千古传不休[6]：
红藕香残玉簟秋，轻解罗裳独驾舟。

云中谁寄锦书来？雁字回时月满楼。
花自飘零水自流，一种相思两处愁。
此情无计可消除，才下眉头上心头。
熬过半月郎归来，欢乐时光转眼溜。
约定相思润云笺，温暖照亮暮阳秋。
盼得清照锦帕到，明诚又惊又愧羞。
惊艳妻子才气重，羞愧自己词不周。
一阕重阳《醉花阴》，似见伊人含泪眸[7]：
薄雾浓云愁永昼，坐观瑞脑消金兽。
今又佳节过重阳，万家欢聚团圆酒。
相携登高插茱萸，吟诗赏菊月光旧。
玉枕纱橱凄然对，半夜惊醒凉初透。
东篱把酒独自吟，暗香寂寂风满袖。
莫道闺中不销魂，彻夜无眠听残漏。
瑟瑟西风卷帘起，却看人比黄花瘦。

明诚虽赏妻子才，丈夫尊严自低矮。
决心胜过《醉花阴》，闭门谢客对寒斋。
三天苦凑五十阕，妻词暗在其中排。
皆付友人陆德夫，找出佳句作仲裁[8]。
德夫最赏“黄花瘦”，三句绝佳不用猜。
明诚揭秘清照词，从此文坛拜裙钗。
留得佳话九百年，易安摘冠词风开。

神仙眷侣琴瑟音，志同道合情意真。
出双入对恋形影，月下花间唱和吟。
三月汴京牡丹节，夫妻携手竞香轮。
牡丹娇艳群芳后，一番风露晓妆新。

容华淡伫姿绰约，锦帐雕栏独占春。
东城南陌艳池馆，月笑风妒羡东君。
绮筵店香飘十里，天街尽是赏花人。
明诚清照共尽欢，吟诗和词醉金尊。
幸福都诉《庆清朝》，拚了画烛任黄昏⑨。

美满婚姻梦正酣，焉知头上剑已悬。
明诚清照醉恩爱，不知幸福路将阑。
假如时间能定格，此时温暖海无边。
谁料命运风中叶，短暂小聚成奢谈。
神仙眷侣天也妒，相守甜蜜未两年。

【注释】

① 清照婚姻要合法，还需经过六道礼：据《礼记·昏义》载：“昏（婚）礼者，将合二姓之好，上以事宗庙，而下以继后世也。故君子重之。”宋朝士大夫对婚礼表现出极大的诚敬、谨慎与郑重，因为婚礼不仅与夫妻、生育关系密切，且关乎男方祖先的祭祀大事，所以规定了烦琐的六道程序，即“六礼”：第一是纳采，即合婚说媒，男方向女方送去礼物求婚；第二是问名，即男方具书，托媒人问女子名及其祖上三代、籍贯、门第等；第三是纳吉，即将双方的年庚八字问卜于宗庙，求得此婚吉凶；第四是纳征，即男方向女方下聘礼，至此婚姻关系成立；第五是请期，即男方将婚期吉时告知女方，求得婚嫁时间；第六是亲迎，即婚礼举行当日，男方亲自去女方家里迎娶新妇。

② 初一十五两天假，相国寺中赏古玩：据李清照《金石录后序》载：“余建中辛巳始归赵氏，时先君作礼部员外郎，丞相时作吏部侍郎，侯年二十一，在太学作学生。赵、李族寒，素贫俭。每朔望谒告出，质衣取半千钱，步入相国寺，市碑文、果实归，

相对展玩咀嚼，自谓葛天氏之民也。”

③ 清照打开陪嫁箱，当衣买奇将梦圆：当衣，将衣服押给当铺，换取一定量的金钱，等以后再用钱赎回去。这是经济拮据时的一种权宜之计。据李清照《金石录后序》载：“得书、画、彝、鼎，亦摩玩舒卷，指摘疵病，夜尽一烛为率。”

④ 买得一枝春欲放，泪染露痕晓霞丹：指李清照词《减字木兰花》：“卖花担上，买得一枝春欲放。泪染轻匀，犹带彤霞晓露痕。　怕郎猜道，奴面不如花面好。云鬓斜簪，徒要教郎比并看。”

⑤ 清照一阕《渔家傲》，自喻红梅情操异：指李清照词《渔家傲》：“雪里已知春信至，寒梅点缀琼枝腻。香脸半开娇旖旎。当庭际，玉人浴出新妆洗。　造化可能偏有意，故教明月玲珑地。共赏金尊沉绿蚁。莫辞醉，此花不与群花比。”

⑥ 相思寄语《一剪梅》，妙句千古传不休：指李清照词《一剪梅》：“红藕香残玉簟秋。轻解罗裳，独上兰舟。云中谁寄锦书来？雁字回时，月满西楼。　花自飘零水自流。一种相思，两处闲愁。此情无计可消除，才下眉头，却上心头。”

⑦ 一阕重阳《醉花阴》，似见伊人含泪眸：指李清照词《醉花阴·重阳》：“薄雾浓云愁永昼，瑞脑消金兽。佳节又重阳，玉枕纱橱，半夜凉初透。　东篱把酒黄昏后，有暗香盈袖。莫道不销魂，帘卷西风，人比黄花瘦。”

⑧ 皆付友人陆德夫，找出佳句作仲裁：伊世珍《琅嬛记》载：“易安以重阳《醉花阴》词函致明诚，明诚叹赏，自愧弗逮，务欲胜之。一切谢客，忘食忘寝者三日夜，得五十阕，杂易安作，以示友人陆德夫。德夫玩之再三，曰：‘只三句绝佳。’明诚诘之，答曰：‘莫道不销魂，帘卷西风，人比黄花瘦。’正易安作也。”

⑨ 幸福都诉《庆清朝》，拚了画烛任黄昏：指李清照词《庆清朝慢》：“禁幄低张，彤栏巧护，就中独占残春。容华淡伫，绰

约俱见天真。待得群花过后，一番风露晓妆新。妖娆艳态，妒风笑月，长殢东君。　　东城边，南陌上，正日烘池馆，竞走香轮。绮筵散日，谁人可继芳尘。更好明光宫殿，几枝先近日边匀。金尊倒，拚了画烛，不管黄昏。”

# 第六章　高墙苦与乐

## 章　序

李清照在娘家父母的包容下一向生活得自由率性快乐，而作为豪门媳妇，却过得谨言慎行、循规蹈矩，压抑而枯燥。赵明诚理解清照，总是借着回家时带她出去散心，一起鉴赏文物。然而，即使这短暂的幸福时光也让公公赵挺之觉得碍眼，找借口打散这对“不务正业”的鸳鸯。他让赵明诚结束太学生涯，远放外任，使李清照连半月一见丈夫的短暂幸福也成为奢望。本章记叙1103年初至1103年七月之间，赵明诚因惹父亲不满，被迫结束太学生涯，走入仕途外任离家，李清照独守空房、倍受离愁煎熬的日子。殊不知此后还有更悲惨的生活在等着他们。

## 诗　叙

明诚既往太学去，清照高墙守规矩。
权贵大家人口众，谨小慎微低声语。
名门媳妇约束多，伺奉公婆尊繁礼。
再无父母包容爱，狂放不羁要收起。
逛街畅游成奢望，吟诗喝酒敛行迹。

太学归来明诚急，问安父母匆忙离。
推门进屋悄悄静，四顾无踪不见妻。

一身冷汗瞬间下，侍女抿嘴含笑揖。
小厮忽报有客到，明诚烦恼直叹息。
无奈出门迎客去，白衫公子背手立。
竹荫之下似眼熟，心烦一时想不起。
上前作揖问哪位，公子转身粲然语：
敬业求功赵公子，别来无恙可安逸？
明诚一看是清照，换身男装与他戏。
想起初遇在花市，一把揽怀赞娇丽：
天若赋汝男儿身，才貌双全无人匹。
清照挣脱羞红脸，小厮侍女皆退避。
林荫之下声窃窃，倾诉彼此思念意。
清照回屋欲换装，免得引来闲碎语。
明诚怜惜清照苦，拉她出外解压抑。

清照两眼放光辉，一身男装步如飞。
犹如鸟儿出樊笼，嫁入婆家自由违。
轻松只在高墙外，幸福源于爱人陪。
赏玩字画畅怀饮，华灯初上尽兴归。

才刚带笑进府门，侍女色变惊慌音：
父亲差人唤明诚，才知鸳鸯游黄昏。
怒来巡察儿子院，金石字画满屋陈。
想起儿子厌仕途，整日玩古诗酒吟。
顿时怒火从中烧，恰闻明诚酒气熏。
一通责骂劈头下，清照敛声守卑尊。
明诚夙积怨父意，逢迎蔡京失人心[①]。
年少气盛性本率，借此酒胆论三分。
父亲大骂忤逆儿，不比两兄耀祖门。

声言罢其读书日，早入仕途跑征尘。

果不其然朝夕间，父亲翻转命运天。
明诚告辞太学友，自己人生别人牵。
悲欢离合如木偶，任由老父定坤乾。
朝堂之上无席地，外任忍别娇妻颜。

徽宗崇宁二年初，明诚离家踏仕途[2]。
留下清照守空房，倚栏望归影自独。
《浣溪沙》词鸿雁传，倾诉离思将恨茹[3]：
髻子伤春慵更梳，晚风庭院落梅初。
万籁沉寂影茕茕，淡云来往月疏疏。
玉鸭熏炉闲瑞脑，朱樱斗帐掩流苏。
鉴古论今成昨日，遗犀怎暖内心孤。
词短情长感明诚，也将思念托雁足。
志同道合恩爱侣，却被高山宦海阻。

仕途之路多陷阱，穷于应付苦明诚。
家有娇妻牵魂梦，心畏严父守官厅。
人在曹营心在汉，朝朝暮暮听雁鸣。
又看清照《浣溪沙》，新词更牵丈夫情[4]：
莫许杯深琥珀浓，未成沉醉意先融。
白日消愁愁愈重，疏钟已应晚来风。
瑞脑香消魂梦断，辟寒金小髻鬟松。
辗转长夜难为梦，醒时空对烛花红。
明诚读罢焦心痛，似见清照守三更。
找尽理由回京都，好与妻子叙重逢。

三日不见长似年，别来话到月阑珊。
谋划金石新蓝图，鉴赏字画意犹酣。
谁知命运天作主，风雷卷过艳阳天。
大宋政坛狂澜起，家庭荣辱顿变迁。
从此打散鸳鸯会，偷闲小聚亦妄谈。

【注释】

① 明诚夙积怨父意，逢迎蔡京失人心：蔡京，宋神宗熙宁年间进士，曾经是变法派的积极支持者。但是，到了宋哲宗元祐年间，司马光上台后废除新法，蔡京摇身一变又成了保守派，充当司马光的得力助手。宋徽宗崇宁年间，经宰相曾布力荐，蔡京在朝中站稳脚跟，又通过结交宦官童贯、起居郎邓洵武、尚书右丞温益等一大批高官同党，势力壮大威胁到宰相曾布。宋徽宗崇宁元年（1102 年）蔡京通过弹劾曾布而获得宋徽宗信任，当年七月出任宰相。据《宋史·赵挺之传》载："挺之排击元祐诸人不遗力。由吏部尚书拜右丞……时蔡京独相，帝谋置右辅，京力荐挺之，遂拜尚书右仆射。"宋徽宗崇宁四年（1105 年）三月，吏部侍郎赵挺之通过打击元祐党人获得蔡京赏识，成为右丞相。赵明诚正是看不惯父亲与蔡京往来密切，故对父亲积怨很深。

② 徽宗崇宁二年初，明诚离家踏仕途：宋徽宗崇宁二年（1103 年）初，赵明诚在父亲的安排下结束太学生涯。父亲并没有在朝堂上为他谋得一席之位，他只好远离汴京，告别娇妻，赴外任奔仕途。

③ 《浣溪沙》词鸿雁传，倾诉离思将恨茹：指李清照词《浣溪沙·闺情》："髻子伤春慵更梳，晚风庭院落梅初。淡云来往月疏疏。　玉鸭熏炉闲瑞脑，朱樱斗帐掩流苏。遗犀还解辟寒无。"

④ 又看清照《浣溪沙》，新词更牵丈夫情：指李清照词《浣溪沙》："莫许杯深琥珀浓，未成沉醉意先融。疏钟已应晚来风。　瑞脑香消魂梦断，辟寒金小髻鬟松。醒时空对烛花红。"

# 第七章　随父谪乡居

## 章　序

本来赵明诚外任已经为小夫妻的相见增加了更大难度，但毕竟李清照还住在婆家，守着新婚空房，倚楼望归，随时准备迎接丈夫回家。然而，更加恶劣的状况出现了，宋徽宗放弃“靖国”的初衷，任由丞相蔡京打压元祐党及其子女。宋徽宗崇宁二年（1103年）三至七月，朝廷两次下诏，不准元祐党子女在京城做官与居住，无奈中李清照随父亲谪居山东老家。虽然通过赵明诚奔走，李清照可以时而回汴京小住，但毕竟大气候不好，夫妻长期处于分离状态。直至崇宁五年（1106年）正月，因有彗星出现在西方，宋徽宗认为这是不祥之兆，遂改变朝政，大赦天下，解除了对元祐党人及其子女的禁锢，李清照才名正言顺地回到汴京婆家居住，时年二十三岁。然而，在经历了三年多分离之后，婚房依旧，夫妻恩爱是不是褪色了呢？李清照一阕《小重山》道出了玄机。本章记叙1103年七月至1106年初，李清照受党锢之难谪居山东时期与丈夫的离别岁月。

## 诗　叙

太后去世新派昌，哲宗打压司马光。
元祐党人李格非，师从苏轼受重创。
变法保守两派争，乌烟瘴气斗殿堂。

刀光剑影战犹酣，皇帝更迭舵转航。
哲宗故去徽宗继，改元靖国睦朝纲。
只憾徽宗意志颓，大权旁落天昏黑。
丞相蔡京玩变法，呼风唤雨假虎威。
栽赃陷害保守派，三立元祐党籍碑[①]。
三百余人遭贬徙，监禁流放命运悲。
子孙不得入仕途，驱离京都穷乡归。
蔡京不念亲戚谊，照打元祐李格非。

霹雳强把爱人驱，明诚清照将远离。
新婚两年濡沫伴，仇敌焉悯鸳鸯啼。
政治雷电摧草枯，小巢哪堪风雨欺！
恩爱夫妻飞劳燕，万水千山两地居。

父谪山东受连累，洒向重帘别夫泪[②]。
新婚幸福仅两载，清照华年二十岁。
朝廷掀起暴风雨，安逸暖巢一夜毁。
从此远离郎君去，幽愤离愁独自对。

《蝶恋花》词托雁送，向夫倾诉凄凉景[③]：
暖雨晴风初破冻，柳眼眉腮春心动。
酒意诗情谁与共？泪融残粉花钿重。
乍试夹衫金缕缝，山枕揉损钗头凤。
独抱浓愁无好梦，夜阑犹剪灯花弄。
篇篇锦书驾西风，愁泣愁怨入魂梦。

草长莺飞又春阑，青鸟传思已经年。
父亲闭门少应酬，清照深闺唯倚栏。

斗转星移夏又到，别情离绪苦熬煎。
七夕一阕《行香子》，道尽夫妻见面难[④]：
暮来草际响鸣蛩，蛩声震惊落梧桐。
夜黑风高星寥寂，人间天上正愁浓。
云阶月地虽仙境，然有关锁万千重。
纵是浮槎常来去，却教有情不相逢。
星桥鹊驾经年见，离情别恨竟无穷。
水远山隔似牛女，瞬间风雨瞬间晴。
字里行间都是泪，清照小词感明诚。
新婚妻子苦思念，恨不插翅飞山东。
无奈父亲铁腕硬，怎能容他弃前程。
明诚奔走门路间，换得清照暂回京。
患难方知情深浅，久别夫妻盼重逢。

崇宁五年正月到，彗星西方不祥兆。
徽宗立即改朝政，蔡京下台元祐笑。
元祐子弟解枷锁，理直气壮拜宗庙。
清照喜奔丈夫地，欲同赵郎携手老。

结婚纱帐依旧新，夫妻恩爱昨非今。
世上万物都在变，谁说爱如恒定金？
清照一阕《小重山》，见出弱女大胸襟[⑤]：
春到长门春草青，江梅些子未开匀。
一瓯暖茶惊晓梦，碧云笼碾玉成尘。
婚房疏帘铺淡月，廊前花影压重门。
娇红丽日虽远去，月朗花香好黄昏。
离愁浇灭赏花意，两年三度负东君。
灾后终于归来也，奴要着意过今春。

清照归家大难结，明诚外任仕途奔。
试问赵家三公子，衙内床前夜夜心？

【注释】

① 栽赃陷害保守派，三立元祐党籍碑：宋徽宗崇宁元年（1102年）、二年、三年期间，丞相蔡京为制裁元祐党人及其后辈，相继三次立元祐党籍碑，入籍人数分别是一百零二人、九十八人、三百零九人，许多元祐旧臣受到残酷打压。虽然李清照父亲李格非与蔡京有亲戚关系，但是蔡京丝毫不念情分，照样打压李格非，使其不得不被罢官并远离京都，携妻子和儿子李迒回到山东老家居住。

② 父谪山东受连累，洒向重帘别夫泪：崇宁二年（1103年）三月，朝廷下诏，元祐党人“子弟勿得擅到阙下”。同年七月再次下诏“责降人子弟，勿得任在京及府界差遣”。这样一来，不但将元祐党子弟驱逐出京城官场，而且无论有无官职、男女，也无论年龄大小、是否婚嫁，一律不得在京城及京城附近居住。李清照虽是出嫁女眷，也必须离开高官显贵的婆家，告别新婚丈夫赵明诚，跟随父亲回到山东老家。

③ 《蝶恋花》词托雁送，向夫倾诉凄凉景：指李清照词《蝶恋花》：“暖雨晴风初破冻。柳眼梅腮，已觉春心动。酒意诗情谁与共？泪融残粉花钿重。　乍试夹衫金缕缝。山枕斜攲，枕损钗头凤。独抱浓愁无好梦，夜阑犹剪灯花弄。”

④ 七夕一阕《行香子》，道尽夫妻见面难：指李清照词《行香子·七夕》：“草际鸣蛩，惊落梧桐。正人间天上愁浓。云阶月地，关锁千重。纵浮槎来，浮槎去，不相逢。　星桥鹊驾，经年才见，想离情别恨难穷。牵牛织女，莫是离中？甚霎儿晴，霎儿雨，霎儿风。”

⑤ 清照一阕《小重山》，见出弱女大胸襟：指李清照词《小重山》：“春到长门春草青，江梅些子破，未开匀。碧云笼碾玉成尘，留晓梦，惊破一瓯春。　花影压重门，疏帘铺淡月，好黄昏。二年三度负东君。归来也，著意过今春。”

# 第八章　侯门离愁煎

## 章　序

李清照虽然可以平静地生活在京城自己的家里，但赵明诚任职在外很少回家，赵挺之两年间两度任丞相又两次被罢免，赵家的兴衰晴雨使李清照在忍受夫妻离别的痛苦中，又增加了惶恐不安的折磨。本章记叙1106年正月至1107年三月，一年多时间内李清照的侯门生活。

## 诗　叙

明诚外任音信消，清照侯门受煎熬。
静对婚房默默泪，独倚小楼苦苦眺。
还记离别眼痴痴，欲说无奈影迢迢。
栏外山水相依好，万里关河良人渺。
落尽红泪春不回，啼破残声杜鹃老。
萦香锦帕寄明诚，《点绛唇》词相思凝[①]：
说尽娇妻思夫苦，字字如针心颤疼。
寂寞深闺夫远去，柔肠一寸愁千缕。
惜春春去红满地，空恨无情催花雨。
倚遍阑干总不见，日日只是无情绪。
连天芳草人何处？望断天涯归来路。
繁华京都无心赏，豪门之内向谁诉？

金石不语堆几案，诗词含情书满户。
相见时难怕离愁，团圆又被仕途偷。
不见神采飞扬女，再无藕塘晚归舟。
凄冷孤寒见犹怜，哀怨委婉细如绸。
唱落千古思妇泪，可知征人落泪否？

拥有才妻人前喜，却教丈夫羞于比。
大宋天朝男权地，明诚倍感有压力。
最是大雪纷纷时，清照蓑衣戴斗笠。
沿着城墙漫游走，搜寻灵感觅诗句。
兴邀明诚作和诗，繁忙丈夫应无计。
久别无子都是痛，敢问夫妻有嫌隙？
更加公爹赵挺之，起起落落漩涡里。
赵家兴衰阴晴变，瞬间雷电瞬间雨。
明诚远游不问事，清照难逃风雨洗。
寒窗冷帐咽离愁，丞相豪门嚼忧喜。
无奈笔诉《念奴娇》，锦笺飞向牵肠侣[2]：
萧条庭院声寂寂，斜风细雨重门闭。
宠柳娇花寒食近，种种恼人坏天气。
险韵诗成愁不散，扶头酒醒忧难去。
左右都是闲滋味，俯仰满眼伤别句。
征鸿弃我已过尽，万千心事倩谁寄？
孤独楼上春寒倍，帘垂四面无人语。
雕梁画栋玉阑干，明知无望慵懒倚。
被冷香消新梦觉，不许愁人还不起。
清露晨流新桐引，惹人多少游春意。
日高烟敛看似好，不知今日晴可续？

仕途之上须拼搏，明诚焦头又烂额。
虽知贤妻孤独苦，身不由主又奈何。
只盼自己居高位，携妻随仕有资格。
为圆男儿立身梦，餐风饮露忙奔波。

又到寒食叹连连，每对暮天想团圆。
相思再诉《怨王孙》，雁送明诚官衙前[③]：
帝里熙熙却春晚，豪门重重蔽深院。
风劲天黑鸿雁去，路荒草长蔓阶前。
楼上远信倩谁递，仰望苍天恨绵绵。
多情原本易伤感，一腔愁思自熬煎。
秋千冷落巷陌静，空倚雕楼心茫然。
斜月浸润梨花泪，满目寂寞望关山。

身为宰相三儿郎，明诚仕途何顺畅。
官位平台轮流转，家国重任一肩扛。
相比忠诚和孝道，爱人只能置一旁。
明诚责重情思短，清照身闲离愁长。

人在两地路漫漫，山水阻隔情易淡。
清照才貌虽可骄，婚后无嗣遭人贬。
由此失宠赵家人，宰相公公最不满。
明诚翩翩佳公子，身居官位门第显。
花花世界佳丽众，郎君是否生别恋?
日思夜想争春难，谁知春君别有天。
小运自己能掌舵，大运却在朝堂间。
岂知命运瞬时转，翻云覆雨到眼前。

【注释】

① 萦香锦帕寄明诚，《点绛唇》词相思凝：指李清照词《点绛唇·闺思》：“寂寞深闺，柔肠一寸愁千缕。惜春春去，几点催花雨。　倚遍阑干，只是无情绪。人何处，连天芳草，望断归来路。”

② 无奈笔诉《念奴娇》，锦笺飞向牵肠侣：指李清照词《念奴娇》：“萧条庭院，又斜风细雨，重门须闭。宠柳娇花寒食近，种种恼人天气。险韵诗成，扶头酒醒，别是闲滋味。征鸿过尽，万千心事难寄。　楼上几日春寒，帘垂四面，玉阑干慵倚。被冷香消新梦觉，不许愁人不起。清露晨流，新桐初引，多少游春意。日高烟敛，更看今日晴未。”

③ 相思再诉《怨王孙》，雁送明诚官衙前：指李清照词《怨王孙》：“帝里春晚，重门深院。草绿阶前，暮天雁断。楼上远信谁传？恨绵绵。　多情自是多沾惹，难拚舍，又是寒食也。秋千巷陌，人静皎月初斜，浸梨花。”

# 第九章　翻云覆雨间

## 章　序

李清照公公赵挺之在崇宁四年（1105年）三月任右丞相，仅三个月就被罢相；崇宁五年（1106年）正月再次拜相，宋徽宗大观元年（1107年）三月再次被罢相；罢相第一天赵挺之便病倒床上，第五天就与世长辞了。赵家彻底衰败，赵明诚弟兄三人全部被捕入狱，几天后又都出狱，但皆被免官。赵明诚一蹶不振。本章记叙1107年三月至七月之间，赵明诚入狱又出狱，李清照如何呵护赵明诚振作精神，做出远离是非、屏居青州的决定。这一年李清照二十四岁。

## 诗　叙

新旧党争大宋臣，翻云覆雨风水轮。
清照公公赵挺之，崇宁四年运逢春。
徽宗信任居右丞，不乏蔡京推荐恩。
却与蔡京窝里斗，两年之间四浮沉[①]。
大观元年掉下台，五天之后命归阴。
赵氏一族全衰败，弟兄三人卸官身。
风尘仆仆赵明诚，两鬓风霜推开门。
清照微微只一笑，夫妻感情已生分。

冷冷清清宰相灵，灵前人稀少亲朋。
一旦栽倒人踏脚，禁享哀荣禁称薨。
谪人下葬鸟不叫，败者坟前草不青。
门前冷落枯叶堆，政坛溃败土瓦崩。

赵家刚刚灵柩起，兄弟三人全入狱[②]。
来势凶猛手段狠，意图灭族连根取。
亏得世间仁义在，援手赵家有皇帝。
明诚出狱恨炎凉，一蹶不振人疲敝。
跌出温柔富贵乡，世界冰冷少情义。
一头钻进古物堆，百事不问无情绪。
清照端茶又送水，细声慢语说回忆：
当年父亲遭贬谪，已经看透权力戏。
你方唱罢我登场，无人永远坐交椅。
党争激烈无休止，应该学会保自己。
一阕红梅《玉楼春》，温暖明诚心与体[③]：
红酥肯放琼苞碎，南枝梅花开次第。
不知蕴藉几多香，但见包藏无限意。
道人憔悴春窗底，闷损阑干愁不倚。
要来小酌便来休，未必明朝风不起。
大难来临能小酌，卓然大义富家女。
红梅正是李清照，动荡风波昂然立。
霜雪之后有傲骨，两鬓斑驳丈夫气。
玉骨冰肌情缱绻，雅韵洁操姿旖旎。
给予丈夫正能量，明成逐渐换心理。
听从清照好建议，离开京都伤心地。
屏居山东青州野，从此夫妻便隐逸。

**【注释】**

① 却与蔡京窝里斗，两年之间四浮沉：据《宋史·赵挺之传》载：“挺之排击元祐诸人不遗力。由吏部尚书拜右丞……时蔡京独相，帝谋置右辅，京力荐挺之，遂拜尚书右仆射。”宋徽宗崇宁四年（1105年）三月，赵挺之由吏部尚书升任右丞相。为相之后，赵挺之并没有与向徽宗皇帝大力推荐他的蔡京保持好关系，而是不断与蔡京争权，屡次上奏痛陈蔡京之罪，仅仅三个月之后，他就遭蔡京排挤，被罢免了右丞相官职。但是天佑赵家，在崇宁五年（1106年）正月，彗星出现在西方，迷信的宋徽宗认为这是不祥之兆，要求朝臣直言朝政得失利弊，谏官们借机打压蔡京，而曾经与蔡京为敌的赵挺之又得到徽宗信任，再次拜相。依靠天象扳倒了蔡京，其实赵挺之的政治实力并不强，原来依附于蔡京的朝臣纷纷排挤他，徽宗也没有真的想赶走蔡京。所以，在天变结束之后，就又把蔡京迎了回来。宋徽宗大观元年（1107年）正月，蔡京复宰相位。同年三月，赵挺之再一次被罢相。被罢免的第一天赵挺之就病倒，第五天就与世长辞了。赵氏家族从此衰败。

② 赵家刚刚灵柩起，兄弟三人全入狱：赵挺之一去世，赵氏三兄弟全部卸任，从各地官场回到汴京为父亲办理丧事。赵挺之刚刚下葬，赵明诚和两个哥哥全部被捕入狱。蔡京的目的是想让赵家子孙永远不得翻身，甚至想斩草除根。但是一方面蔡京一党没有找出确切罪证，另一方面皇帝也不想赵挺之后代下场太惨，所以，入狱七天之后，兄弟三人被无罪释放回家。

③ 一阕红梅《玉楼春》，温暖明诚心与体：指李清照词《玉楼春·红梅》：“红酥肯放琼苞碎，探著南枝开遍未。不知酝藉几多香，但见包藏无限意。　道人憔悴春窗底，闷损阑干愁不倚。要来小酌便来休，未必明朝风不起。”

# 第十章　十年青州梦

## 章　序

1107年秋，赵明诚携妻李清照离开繁华喧闹的都城汴京，屏居山东青州，直至1117年，赵明诚离开青州重新奔仕途。这十年夫妻相守的青州乡居生活，是他们夫妇一生中最安逸幸福的岁月。生活虽然恬淡，却高雅充实；虽然清贫，却相依相守。没有明争暗斗，没有离愁别苦。这十年间他们集中全部资本和精力收集鉴赏金石文物，积满十几间房屋。同时在李清照的辅助下，赵明诚完成了《金石录》初稿。这十年是李清照从二十四岁到三十四岁的人生黄金年华。

## 诗　叙

明诚出狱憔身心，携妻迢迢出家门。
秋风瑟瑟催征途，万物萧萧换新陈。
二十四岁李清照，雪丝换去青丝春。
舍弃汴京繁华第，携手相爱亦称心。
尔虞我诈营营事，尽抛身后河道尘。
山清水秀胜闹市，褐衣柴户民风淳。
一壶好酒诗作菜，几车好书伴清贫。
三间茅屋有好梦，五个好友论古今。
心心相印患难妻，风雨同舟知心君。

修房买地青州柳，资材流出量大斗。
明诚热衷金石画，日子捉襟便见肘。
面对古本心仪物，反复阅看不愿走。
恋恋不舍又放下，慌说家里已经有。
看穿丈夫担心钱，拿出碎银买到手。
明诚惊喜又担忧，何苦轻视衣食愁。
清照出身簪缨家，柴米无虑多珍馐。
而今丈夫爱金石，精神胜过物资求。
明诚恍然才发现，妻子为他早筹谋[①]：
头无明珠远翡翠，衣不重采弃丝绸。
三餐简单少鱼肉，室寡涂金绣画轴。
为爱付出她所有，怎叫明诚不愧羞！
淘宝回来兴致发，相偎而坐连理花。
共享古本文化宴，比赛鉴赏谁最佳。
还于饭后赌书戏，归来堂里斗乙甲。
某书某卷写某事，几页几行不可差。
猜对获得先饮权，开怀大笑率性夸。
一杯香茶倾胸襟，满屋欢乐惊睡鸦。
笑声撼动烛焰舞，书香又把茶香加 。
清照感叹己所愿：一人一书一壶茶。
除此之外皆云烟，纵使清贫乐无涯。
幸福之时美梦多，一首《晓梦》奏胡笳[②]：
晓梦疏钟蹑云霞，邂逅神仙萼绿华。
秋风吹尽玉井花，藕大如船枣如瓜。
翩翩妙语座上客，嘲辞斗辩分新茶。
人生快乐能如是，何必念念归故家。

梦中神仙夫妻影，返璞归真学陶令。
书房命名归来堂，愿与淡泊伴永恒。

易安居士标雅号，如雷贯耳千古声。
从此夫妻共协力，拟把金石付平生。
青州之土古齐国，厚重历史沙下城。
丰碑巨碣三代器，古戟古爵文物丰。
节衣缩食尽收藏，几案罗列柜橱充。
枕席枕藉满字画，十间房屋已充栋。
其功震惊收藏界，赵氏夫妇播远名。
乐在校勘题鉴时，高于声色犬马行。
初稿辑成《金石录》，夫妇披肝心血凝。
献给妻子生日礼，易安居士画像容。
时邀好友窗前坐，饮酒喝茶论英雄。
青州山水更妩媚，驾舟游玩缱绻情。
屏居僻乡多安逸，远离世俗少纷争。
静好岁月天不久，朝堂之上又起风。
个人命运不由己，终成十载青州梦。

【注释】

① 明诚恍然才发现，妻子为他早筹谋：李清照《金石录后序》载："余性不耐，始谋食去重肉，衣去重采，首无明珠翠羽之饰，室无涂金刺绣之具。遇书史百家字不刓缺、本不讹谬者，辄市之，储作副本。自来家传《周易》《左氏传》，故两家者流，文字最备。于是几案罗列，枕席枕藉，意会心谋，目往神授，乐在声色狗马之上。"

② 幸福之时美梦多，一首《晓梦》奏胡笳：指李清照的诗《晓梦》："晓梦随疏钟，飘然蹑云霞。因缘安期生，邂逅萼绿华。秋风正无赖，吹尽玉井花。共看藕如船，同食枣如瓜。翩翩座上客，意妙语亦佳。嘲辞斗诡辩，活火分新茶。虽非助帝功，其乐莫可涯。人生能如此，何必归故家。起来敛衣坐，掩耳厌喧哗。心知不可见，念念犹咨嗟。"

# 第十一章　割舍分外痛

## 章　序

1117年，赵明诚离开青州谋仕途。这时的朝堂之上蔡京已经倒台，形势向着有利于赵家的方向发展。赵氏三兄弟中，赵明诚的两个哥哥都已经相继重新做官。重振家族威望的责任感驱使赵明诚离开安乐窝，重新踏入政治的战场。终于在宋徽宗宣和二年（1120年）朝廷任命赵明诚任山东莱州太守，赵明诚独自上任，李清照依然留守青州。直至1121年，赵明诚在莱州坐稳交椅后才接李清照去莱州团聚。本章记叙1117年赵明诚离开青州至1121年李清照去莱州之前，这三年多时间里，李清照独居青州的孤苦贫病岁月。

这三年多别离生活，李清照的痛苦不仅仅是单一的离情别绪，而是承受着从未有过的多种痛苦的集合：有来自婆婆对无子嗣的压力，有对赵明诚移情别恋的担忧，有对自己年华老去的无奈，还有独守空闺的寂寞，以及对“终日凝眸”的失望，这一切的一切，岂止是“伤别”二字可以承载!

## 诗　叙

赵氏家族衰复兴，全在朝堂掌控中。
此时徽宗溺声色，忙于礼文符瑞星。
朝中诸事拜宦官，大权独揽梁师成[①]。
一手遮天权势赫，拔擢王黼贬蔡京。

师成崇拜苏东坡，自把苏门弟子称。
赵门苏门原本逆，共同敌人是蔡京。
眼看蔡京大势去，苏赵两系俱得兴。

只憾天下战火浓，金国辽国已交锋：
太祖完颜阿骨打，帅领金国振威风。
围困辽国都城外，三个时辰克上京。
大宋急欲复燕云，便于金国结同盟。
金祖暗算攫幽州，项庄舞剑意沛公。
北域埋下金国患，南土又起方腊兵[②]：
利用摩尼教会势，反对花石纲为名。
设官封将建政权，东南州郡纷纷行。
朝堂之上波诡谲，朝堂之外云与风。

形势向好赵家兴，赵氏兄弟振雄风。
大哥二哥相继出，重踏官场耀祖宗。
老三明诚亦男儿，有何理由不争荣？
偏隅蛰伏十年后，面临艰难抉择中：
巅峰跌落痛犹在，家国情怀孰重轻？

明诚入仕心已实，远离青州留妻思。
虽有皇皇收藏业，家族责任胜金石。
志同道合妻虽好，光宗耀祖怎容辞。
左权右衡进退难，快刀乱麻不宜迟。
三十七岁命不待，忍向爱妻说别时。

丈夫选择男儿志，清照何由不支持。
原本立下陶潜愿，相守终老赏金石。

如今官场再入围，叮嘱丈夫辨是非。
顺则进取逆则隐，宁做农夫远官贼。
青州家园有我守，随时盼夫平安归。

人在宦海难自保，明诚一去音信杳。
牵肠挂肚独徘徊，倚楼望远日日眺。
一阕小词《怨王孙》，透出哀怨与寂寥[③]：
湖上风来烟波渺，却是秋暮红稀少。
水光山色与人亲，向人展示无穷好。
娇艳荷花早稀落，蓬勃荷叶已枯老。
清露洗得万物衰，可怜蘋花落汀草。
眠沙鸥鹭不回头，似乎也恨人归早。

明诚读懂清照词，明里悲秋暗相思。
开弓没有回头箭，男儿事业正当时。
官场晋升谈何易，努力觅求显贵职。
好对父亲九泉灵，也慰望归一片痴。

三年奋斗如拼命，官场职位无踪影。
明诚暂回青州住，聊慰孤妻情意重。
宣和二年宋徽宗，又把赵氏重启用。
莱州太守新官职，虚位以待教驰聘。
每逢乱世需英雄，明诚宦海接任命。
回首十年金石业，忍看忠妻影茕茕。
辗转不眠量进退，左右为难思绪冗。
快刀乱麻当机断，扬鞭策马踏征程。
年已四十才升官，志趣爱妻难抗衡。
一纸任命掏魂魄，飞马绝尘无影踪。

撇下金石十几屋，厚厚尘埃诉冷风。

清照送夫城门口，相别无语泪直流。
回家抑郁病不起，泼墨锦书魂已丢。
《凤凰台上忆吹箫》，徒教明诚心绪忧④：
香冷金猊被翻浪，起来慵自懒梳头。
宝奁尘满无意簪，任他日上玉帘钩。
离怀别苦多少事，欲说兀自还作休。
不干病酒不悲秋，刻骨相思痛如揪。
休矣休矣人去也，万遍阳关亦难留！
武陵人远征尘遥，凭栏欲望烟锁楼。
唯有楼前东流水，映我终日苦凝眸。
楼前流水凝眸处，从今又添一段愁。

清照生病亲友疼，床前坐满好闺朋。
姊妹纷纷送警示，明诚此去隐险情。
高官佳丽是绝配，无嗣纳妾受包容。
何事不跟官人去，恐教偷换枕边声。
清照坦然慰姊妹：支持丈夫信明诚。
赵氏家族门荣耀，男儿自当挺身行。
忠孝节义压小安，丈夫当选仕途功。
青州金石是夫命，十数年间血凝成。
我守夫命割夫爱，自信世间有真情。
白日向朋意淡然，独对长夜泪如倾。
更怯婆母赵老太，长期责难子嗣空。
斗转星移芳华老，担心丈夫移别情。
朝夕唯有金石伴，终日凝眸守寒风。
清照有苦何处诉，一腔积怨屯心中。

不禁重摧数卧病，冷热饥饱无人疼。
慢拭古物寂寥尘，静听风雪啸严冬。

熬落春花熬冬枝，熬出霜鬓换青丝。
挥毫一阕《诉衷情》，唯将离苦付诗词[5]：
夜来沉醉卸妆迟，花碎梅萼插残枝。
萼香熏破春睡酒，梦远不成尽归思。
人静悄悄月依依，翠帘垂处有情痴。
更挼残蕊撚余香，不知天明得几时。

【注释】

① 朝中诸事拜宦官，大权独揽梁师成：宣和二年（1120年）宋徽宗继续沉湎于声色犬马之中，忙于礼文符瑞之事，让宦官梁师成留置宫中，代他书写诏书。梁师成则利用一些善于书法的吏人模仿徽宗字体，以致宫内传出的诏书让外庭难辨真假。梁师成权势显赫，一手遮天，连蔡京父子都要对其奉承几分。曾经因为拥戴蔡京而受重用的王黼投靠了梁师成，并在蔡京失宠之后收买人心，骗得徽宗信任，拜其为相。梁师成对大文豪苏轼极为崇拜，号称自己是苏轼的弟子，而曾经因为党争被贬谪的苏门弟子自然也就在他得势之后被重新启用。

② 北域埋下金国患，南土又起方腊兵：在梁师成、金太祖事件发生的同时，宋朝南方祸起。睦州青溪（今浙江淳安）人方腊因无法忍受官员横征暴敛、巧取豪夺，以反对花石纲为名，利用摩尼教等各种秘密宗教，组织农民揭竿而起，并在1120年十一月设官封将，建立政权，到十二月方腊就攻占了杭州，东南州郡纷纷响应，起义队伍发展到近百万人。

③ 一阕小词《怨王孙》，透出哀怨与寂寥：指李清照词《怨王孙》：“湖上风来波浩渺，秋已暮、红稀香少。水光山色与人亲，说

不尽、无穷好。　莲子已成荷叶老，清露洗、蘋花汀草。眠沙鸥鹭不回头，似也恨、人归早。”

④ 《凤凰台上忆吹箫》，徒教明诚心绪忧：指李清照词《凤凰台上忆吹箫》：“香冷金猊，被翻红浪，起来慵自梳头。任宝奁尘满，日上帘钩。生怕离怀别苦，多少事、欲说还休。新来瘦，非干病酒，不是悲秋。　休休！这回去也，千万遍阳关，也则难留。念武陵人远，烟锁秦楼。惟有楼前流水，应念我、终日凝眸。凝眸处，从今又添，一段新愁。”

⑤ 挥毫一阕《诉衷情》，唯将离苦付诗词：指李清照词《诉衷情》：“夜来沉醉卸妆迟，梅萼插残枝。酒醒熏破春睡，梦远不成归。　人悄悄，月依依，翠帘垂。更挼残蕊，更撚余香，更得些时。”

# 第十二章　寂寞官邸梅

## 章　序

从1121年秋天李清照离开青州到莱州与做太守的赵明诚相聚，至1125年赵明诚调任淄州太守时，这四年时间清照随丈夫在莱州太守任上一起生活，这是她一生婚姻生活中最正常的与丈夫的官邸相守期。这四年对李清照来说，最庆幸的是与丈夫在一起，没有了离愁别绪。但是她面临的环境却并不幸福，主要是因为丈夫忙于公务，起早贪黑，很少与她像过去那样诗酒唱和、鉴赏文物。因此，李清照的感情生活中多是寂寞与无聊。本章记叙李清照三十八岁到四十二岁，即1121年至1125年约四年寂寞的莱州官邸生活。

## 诗　叙

宣和三年中秋前，鸿雁送来明诚笺。
催促妻子莱州聚，感动清照泪涟涟。
丈夫最惦金石屋，特找忠人保安全。
夜深人静独徘徊，一砖一瓦屏居年。
金石屋里藏欢笑，赏菊把酒东篱边。
榴下数星语窃窃，窗前观雪情绵绵。
夫唱妇随清贫日，神仙眷侣快乐天。
一叶一草青州居，处处幸福与团圆。

挥泪饮别姊妹宴，昌乐秋雨阻驿站。
灯下一阕《蝶恋花》，诉向青州夜幕晚①：
泪湿罗衣脂粉满，唱过阳关千千遍。
人道山长山又断，潇潇微雨闻孤馆。
惜别伤离方寸乱，忘了临行酒深浅。
好把音书凭过雁，东莱不似蓬莱远。

迢迢青州路已断，舟车劳顿到夫馆。
官邸只有仆妇迎，明诚回家星月暗。
不见翩翩赵雅士，风尘疲惫亲情淡。
三言两语寒暄后，又去书房阅牍案。
夫妻终聚清照喜，却如参商少谋面。
清照无朋多闲暇，闷坐官舍找书看②。
放眼一屋书无几，平生所有皆不见。
悻悻拣来礼韵字，《感怀》一诗落宣纸：
寒窗败几无书史，公路可怜合至此。
青州从事孔方君，终日纷纷喜生事。
作诗谢绝聊闭门，燕寝凝香佳思至。
静中吾乃得至交，乌有先生子虚子。
此诗调侃赵明诚，为酒与钱风雅失。
自己孤独寂寞日，反说谢客觅佳思。
子虚乌有常为伴，巧为空虚添价值。
继续整理《金石录》，题跋补漏强乐兹③。
犹如官邸墙角梅，花开花落无人知。

【注释】

① 灯下一阕《蝶恋花》，诉向青州夜幕晚：指李清照词《蝶恋花·晚止昌乐馆寄姊妹》："泪湿罗衣脂粉满，四叠阳关，唱到千千

遍。人道山长山又断，萧萧微雨闻孤馆。　　惜别伤离方寸乱，忘了临行，酒盏深和浅。好把音书凭过雁，东莱不似蓬莱远。”

② 清照无朋多闲暇，闷坐官舍找书看：李清照住在莱州官舍闲暇无事，在莱州也没有朋友，越发无聊，只能翻阅家中仅有的几本书，翻到哪一页，随意找出一个字来依韵写诗，聊以排遣。如《感怀》一诗，序云：“宣和辛丑八月十日到莱，独坐一室，平生所见，皆不在目前。几上有《礼韵》，因信手开之，约以所开为韵作诗，偶得‘子’字，因以为韵，作《感怀》诗云。”诗曰：“寒窗败几无书史，公路可怜合至此。青州从事孔方君，终日纷纷喜生事。作诗谢绝聊闭门，燕寝凝香有佳思。静中吾乃得至交，乌有先生子虚子。”

③ 继续整理《金石录》，题跋补漏强乐兹：在莱州的寂寞岁月里，李清照继续整理修改《金石录》，将初稿翻阅，补充遗漏，题写序跋，算是她百无聊赖生活中唯一的乐趣了。

# 第十三章　淄州国破时

## 章　序

宋徽宗宣和七年（1125年），赵明诚改任淄州（今山东淄博）太守，四十二岁的李清照随夫前往淄州生活，至宋钦宗靖康二年（1127年）三月，赵明诚因去江宁奔丧而卸任淄州太守，李清照回青州留守，夫妇二人再次分离。在这约两年的淄州官邸生活岁月里，李清照的感情生活中除了寂寞与无聊，更多的还是对局势的担忧。这时的国家处于风雨飘摇之中，金国侵略，宋徽宗退位，宋钦宗登基，“靖康之难”北宋灭亡，赵构登基、南宋建立。家族大事是赵明诚母亲去世，赵明诚卸任淄州太守去江宁奔丧，李清照回青州守护金石十几屋的家园。夫妻在官邸团聚生活了六年后再度分离。本章记叙的是李清照在淄州这两年时间里经历的翻天覆地的巨变。

## 诗　叙

百无聊赖四年后，明诚易任淄州走[①]。
清照随夫去上任，宣和七年风雨骤。
北宋王朝岌岌危，战火烽烟已满楼。
新官交椅未坐稳，地方逃兵乱城头。
明诚平叛立威功，朝廷嘉奖赵太守。
正值青云飞黄日，却闻黄河过金寇。

恶信传到汴京城，满朝君臣乱成粥。
罪己下诏徽宗退，钦宗匆忙金殿谋[②]。
改号靖康寓安宁，金国铁马叫梦休。

靖康元年天下乱，山举烽火水暗淡[③]。
金国先把辽国灭，转头又对大宋战。
回想当年金战辽，徽宗弃辽袖手观。
暗求金人收燕京，引狼入室成笑谈[④]。
自从宋辽澶渊盟，和平生活百二年[⑤]。
辽金西夏遂壮大，北宋政权举步艰：
奢侈腐败奸佞猖，新旧党派争斗残。
重文抑武军队弱，农民起义烽火连。
金军铁蹄踏中州，势如破竹难阻拦。
清照随同明诚任，坚守淄州护城垣。

靖康二年汴京陷，天昏地暗靖康难[⑥]：
徽宗钦宗举白旗，沦为俘虏山河颤。
弃民别臣背宗庙，恓恓惶惶黄河畔。
南薰门口臣悲绝，宫墙内外吏跪满。
金兵凯旋北国去，珍宝财物车连绵。
押送皇族队长长，啜啜泣泣步姗姗。
沿途百姓跪送君，哭声如雷泪雨天。
泱泱大宋竟至斯，苍天何事如此残！
清照明诚抱头痛，淄州任上做备战。
皇帝被虏国已破，太守担当忠诚献。
盈箱溢箧古金石，四顾怅怅且恋恋[⑦]。
料其难为己所有，满目烽烟肝肠断。

靖康之难天塌时，家庭噩耗明诚知[8]。
老母灵柩停江宁，奔丧守孝义不辞。
卸去淄州太守任，夫妇又临抉择时：
淄州江宁路千里，敌占淮泗虎狼驰。
金兵杀人如刈麻，臭味百里遍地尸[9]。
更念金石十几屋，恋恋怅怅忧愁思。
决定明诚冒险去，守护家园有妻子。
知礼清照怎堪忍，不孝之名是奇耻。
守灵送丧媳妇责，莫叫世人所不齿。
回望青州家难舍，灰瓦排排满金石。
其意高于生命重，其价胜过连城值。
经风历雨数十载，呕心沥血两情痴。
烽火蔓延近门户，文物危在旦夕时。

接受丈夫护家愿，金石交于清照看。
明诚奔丧带精华，夫妻开始严格选。
精品装满十五车，尘烟路尽入海船。
千辛万苦渡大江，江宁城中保安全。
拟定再度回青州，装船海运江宁间。
北宋灭亡天地陷，哀鸿遍野家国乱。
从此夫妻又分飞，江南海北做劳燕。
同年五月赵构继，立国南宋号建炎[10]。
国破无计回山东，明诚江宁又做官[11]。
清照死守归来堂，日夜盼夫青州还。

**【注释】**

① 百无聊赖四年后，明诚易任淄州走：宋徽宗宣和七年（1125年），李清照在莱州生活四年后，赵明诚改任淄州（今山东淄博）太守，

于是，四十二岁的李清照随夫前往淄州生活。

② 罪己下诏徽宗退，钦宗匆忙金殿谋：宋徽宗宣和七年（1125年），辽国被金国所灭，早就对宋朝虎视眈眈的金国借口宋朝破坏协议，即将对宋用兵。消息传到开封，北宋君臣慌作一团，宋徽宗假意下罪己诏，承认自己任用非人，于宣和七年十二月被迫将皇位让给了太子赵恒，史称宋钦宗，国号靖康。

③ 靖康元年天下乱，山举烽火水暗淡：宋钦宗靖康元年（1126年）正月初三，金军渡过黄河的消息传到开封，举国上下顿时陷入一片惶恐。已经退位的宋徽宗仓皇逃往南方，宋钦宗在东京留守李纲的极力请求之下才没有逃去陕西，而是留在了汴京。

④ 暗求金人收燕京，引狼入室成笑谈：当年金太祖完颜阿骨打带兵攻克了辽国都城上京（今内蒙古自治区巴林左旗林东镇），宋国使臣亲眼见到金军只用了两三个时辰就攻下上京，立刻奉上宋徽宗的亲笔信，请求金国帮助宋收复被辽占据的燕京（今北京）旧地。金太祖虚应了宋徽宗的请求，其内心却在盘算着不但要将燕京归为己有，还觊觎着大宋的版图。如今金军铁蹄踏破大宋江山，回看当年的引狼入室之策，实是可悲可笑。

⑤ 自从宋辽澶渊盟，和平生活百二年：自从1005年宋真宗与辽国订立澶渊之盟以来，双方友好相处了一百二十年。随着辽、金、西夏等少数民族的壮大，北宋政权内部却奢侈腐败、奸佞当道，再加农民起义冲击，王朝逐渐走向没落。北宋王朝企图联金灭辽，最终却被金国所灭，遭遇史无前例的奇耻大辱“靖康之难”。

⑥ 靖康二年汴京陷，天昏地暗靖康难：宋钦宗靖康二年（1127年）二月，宋徽宗、宋钦宗无力继续抵抗兵临城下的金军，只得投降。同年四月，金军押着大批北宋皇族和搜刮的财物起程回金国，朝中大臣在南薰门跪拜辞别两位国君，宫墙内外跪满悲痛欲绝的大小官吏以及百姓，甚至有人当场哭得气绝身亡。这就是千古奇辱“靖康之难”。

⑦　盈箱溢箧古金石，四顾怅怅且恋恋：据李清照《金石录后序》载："至靖康丙午岁，候守淄州，闻金人犯京师，四顾茫然，盈箱溢箧，且恋恋，且怅怅，知其必不为己物矣。"

⑧　靖康之难天塌时，家庭噩耗明诚知：靖康之难是1127年二月，同年三月赵明诚母亲在江宁（今江苏南京）去世。自从赵明诚父亲赵挺之去世后，母亲就一直随大哥赵存诚生活于江宁。现在母亲去世，赵明诚必须辞去官职，奔丧守孝，并计划护送母亲灵柩返回山东故里下葬。按照常理，赵明诚夫妇应当一起奔丧，但赵明诚却决定他一人去江宁，留李清照守青州。理由有二：一是去江宁必须经过哀鸿遍野的金军占领区，太危险；二是青州十几间屋的文物金石是他们夫妇数十载呕心沥血所收集，现在危在旦夕，也需要李清照整理照看。就这样夫妇二人精选十五车文物，让赵明诚作为政府官员在陆路先通过国家提供的驿站，再入海、再过江，最终抵达江宁。夫妇约好等赵明诚再度安排船只来运文物、接走李清照。

⑨　金兵杀人如刈麻，臭味百里遍地尸：据南宋历史学家李心传《建炎以来系年要录》载："敌（金兵）纵兵四掠，东及沂、密……杀人如刈麻，臭闻数百里。淮、泗之间，亦荡然矣。"

⑩　同年五月赵构继，立国南宋号建炎：幸运地躲过"靖康之难"的赵构成了宋王朝唯一的继承人，1127年五月，他登基继承大统，建立南宋，国号建炎，史称宋高宗。

⑪　国破无计回山东，明诚江宁又做官：1127年三月赵明诚原计划到江宁奔丧后再护送母亲灵柩回山东老家安葬，但当时整个时局动荡混乱，金军不仅围逼南宋都城江宁，而且到处掠夺杀戮，使得大宋臣民每走一步都会遇到生命危险，所以，赵明诚兄弟只好放弃原计划，就地在江宁为母亲守孝。另一方面，江宁也发生兵变，江宁知府被叛乱士兵囚禁，通判等主要官员十一人被杀害，其他幸存者也都逃之夭夭，一时之间出现人才

紧缺的态势，作为官宦世家的赵氏兄弟立刻被启用，尚在守丧戴孝期间也接受了任命，赵明诚出任江宁知府。这样就出现了赵明诚的行动与夫妇分开时的约定相违背的情形。而不知详情的李清照还在望眼欲穿地想象着丈夫随时可能踏进青州家门。丈夫的行动改变增加了她无数的猜想和痛苦。

# 第十四章　心死金石悲

## 章　序

宋钦宗靖康二年（1127年）三月，赵明诚卸任淄州太守去江宁奔丧，李清照留守青州。夫妻约定，先由赵明诚护送母亲灵柩返回山东，再派船运文物、接清照。然而战争形势瞬息万变，赵明诚不但不能回山东，而且还在江宁守孝期间做起官来。这种特殊时代出现的特殊情况，李清照哪里会想到，战乱期间的通信又几乎断绝。因此，从1127年三月夫妻分手，到1128年初夫妻在江宁团聚，这期间虽然不足一年，但李清照因丈夫一去不返，担心自己年老色衰、膝下无子已经被抛弃，因金军杀人如麻而在心惊肉跳中担心丈夫生命安全，因战火日渐蔓延到青州，而担心金石文物不保，等等，她时时刻刻生活在焦虑、忧愁、孤独与痛苦当中。终于，在1127年十二月的一个月黑风高的夜晚，十几屋金石文物被战火烧为灰烬。她痛不欲生，呼天不应，欲哭无泪。只好带着唯一幸存的一本《赵氏神妙帖》投奔赵明诚，于1128年初到江宁与丈夫团聚。本章记叙李清照在1127年的九个月时间里所经历的磨难。这一年她四十四岁。

## 诗　叙

靖康之难国蒙羞，铁蹄之下血漫丘。

明诚要过敌占区，清照不寐神魂勾。

屈指盘算守孝日，翘首母柩过田畴。
天地时闻喊杀声，出入唯见孤影游。
泪书一阕《满庭芳》，暮昏雁断何处投[①]：
小阁藏春窗锁昼，画堂深处无限幽。
篆香烧尽又空盼，徐徐日影下帘钩。
手种江梅家更好，何必临水复登楼？
归来堂前无人到，如同何逊在扬州。
梅花从来以韵胜，却也难堪风雨揉。
谁家横笛《梅花落》，吹动忧人浓浓愁？
莫恨梅花香消减，须信扫迹情还留。
更贵良宵兼淡月，疏影婆娑尚风流。
清照咏梅诉心迹，梅品人品世难求。
休嫌花凋容颜老，高雅圣洁傲王侯。
试问明诚心中想，衙前月下念青州？

春花凋落夏风吹，不见明诚扶柩归。
膝下无子家冷落，年老色衰教心悲。
婚姻常在分离中，孤单寂寞伤痕累。
常别经年恐爱退，万般苦恼都是泪。
一阕《多丽》咏白菊，委婉凄楚诉心扉[②]：
小楼寂寂夜帘垂，白菊琼肌风雨摧。
雪清玉瘦傲霜寒，不比红颊醉贵妃。
淡雅洒脱姿亭亭，不学孙寿献妖媚。
香气悠远露莹莹，不羡韩令浓烈味。
徐娘饰粉争妍妍，我只拣得玉芳菲。
风雨潇潇秋来也，无限依依谁可偎。
清郁芬芳随风去，压倒荼蘼因我醉。
孤傲高洁世间少，屈原陶潜唯相配。

爱而遭弃纨扇诗，得而复失汉皋佩。
凝愁洒泪能几时，有情胜过东篱美。

高洁如斯赞白菊，白菊如斯李才女。
世事如纷守一人，霜打雪压不离弃。
明诚震撼清照词，深深懂得此中意。
不为繁华所障眼，不计妻子无生育。
方知此人真圣洁，生死相依做伴侣。

痴痴翘首音信断，清照提心又吊胆。
盼夏盼秋冬又到，等来却是青州陷③。
心急如焚弱女子，叫天不应顾茫然。
死死守住归来堂，紧闭门户不敢言。
不料墙外飞兵燹，数排房屋熊熊燃。
金石字画烧为烬，十年心血化灰烟。

心如刀割无力护，烈焰朔风摧无助。
天寒地冻封皎月，沉沉痴心呆呆目。
一生心血与财资，十间金石价无数。
四十四年瞬间空，眼前只留今日苦。
战火绝情烧心肝，软弱凄苦谁人护？
天不悔祸呼无告，烽烟江山遭荼毒。
手拿木棍颤巍巍，残垣断瓦细拨除。
如同走在心尖上，一步一痛血泪茹。
万千金石字画灰，抢出古帖独本书。
唯带《赵氏神妙帖》，辗转江宁去投夫④。
夫妻重逢痛无比，仰天长叹哀呜呼！

【注释】

① 泪书一阕《满庭芳》，暮昏雁断何处投：指李清照词《满庭芳·残梅》："小阁藏春，闲窗锁昼，画堂无限深幽。篆香烧尽，日影下帘钩。手种江梅更好，又何必、临水登楼。无人到，寂寥浑似，何逊在扬州。　从来，知韵胜，难堪雨藉，不耐风揉。更谁家横笛，吹动浓愁。莫恨香消雪减，须信道、扫迹情留。难言处，良宵淡月，疏影尚风流。"词中由梅花凌寒独放，联想到长门宫的陈皇后、临邛卓文君等弃妇的命运，借以感伤遭逢。

② 一阕《多丽》咏白菊，委婉凄楚诉心扉：指李清照词《多丽·咏白菊》："小楼寒，夜长帘幕低垂。恨萧萧、无情风雨，夜来揉损琼肌。也不似、贵妃醉脸，也不似、孙寿愁眉。韩令偷香，徐娘傅粉，莫将比拟未新奇。细看取，屈平陶令，风韵正相宜。微风起，清芬酝藉，不减酴醾。　渐秋阑、雪清玉瘦，向人无限依依。似愁凝、汉皋解佩，似泪洒、纨扇题诗。朗月清风，浓烟暗雨，天教憔悴度芳姿。纵爱惜，不知从此，留得几多时。人情好，何须更忆，泽畔东篱。"

③ 盼夏盼秋冬又到，等来却是青州陷：1127年三月，赵明诚告诉李清照，他到江宁为母亲办完丧事后，会护送母亲的灵柩回山东老家安葬。再派船将青州的金石文物运到江宁，同时接李清照去江宁团聚。这个美好的计划支撑着李清照的精神。她精心整理好青州的十几屋文物，日日夜夜盼望着赵明诚的消息。结果，没有等到赵明诚的船，却等来了青州沦陷。建炎元年（1127年）秋天，金军再次发动了对中原地区的侵略。除少数州府和义军抵抗之外，大多数州府有的主动开门投降，有的弃城而逃。李清照听着金军步步逼近，心急如焚，又无能为力，四顾茫然。这年冬天一个黑夜，战火突然从墙外飞来，夫妻数十年积累的十几屋文物全部化为灰烬。李清照《金石录后序》载："青

州故第尚锁书册什物，用屋十余间，期明年春，再具舟载之；十二月，金人陷青州，凡所谓十余屋者，已化为煨烬矣。”

④ 唯带《赵氏神妙帖》，辗转江宁去投夫：青州沦陷、金石被毁后，李清照已经没有必要留在青州了。她于是带着从火堆中唯一抢救出来的《赵氏神妙帖》投奔丈夫，于南宋建炎二年（1128年）初来到当时的南宋首都江宁，与时任江宁知府的赵明诚团聚。江宁重逢，夫妻心痛无比，又无可奈何，只有慨叹连连。据赵明诚在《赵氏神妙帖》跋中记载：“此贴章氏子售之京师，余以二百钱得之。去年秋西兵之变，余家所资，荡无遗余。老妻独携此而逃。未几，江外之盗再掠镇江，此帖独存，信其神工妙翰，有物护持也。”

# 第十五章　缒城宵遁耻

## 章　序

南宋高宗建炎元年（1127年）三月，赵明诚奔母丧到达南宋京都江宁（今江苏南京），因战乱人才空缺，赵明诚在守孝期间就担任了江宁知府。建炎二年（1128年）初，李清照因青州沦陷，文物尽毁，也来到江宁与赵明诚团聚。建炎三年（1129年）二月，赵明诚改任湖州知州。就在明诚尚未交接江宁知府、就任湖州知州之时，江宁兵变，明诚夜遁。同年三月明诚因“缒城宵遁”罪被免职。李清照为此也很痛苦、很感羞耻。本章记叙李清照1128年初至1129年三月赵明诚被免官之前一年的江宁官邸生活。这期间李清照四十五至四十六岁。

## 诗　叙

明诚葬母丧事完，兵变恰值江宁间。
政府官员死或逃，赵氏兄弟补空员。
明诚任知江宁府，为国奔波无暇闲。
家丧国难山河碎，清照郁郁无所欢。
正月初七人日祭，《菩萨蛮》中思家园[①]：
归鸿声断残云碧，背窗雪落直炉烟。
烛底凤钗明熠熠，钗头人胜颤翩翩。
角声呜咽催晓漏，牛斗渐回曙色天。

料得今春看花难，可恨西风留旧寒。
祭祀祖宗思故里，凤钗人胜照华年。

江宁官邸碧玉丝，难掩靖康帝颜失。
衣锦食肉不屑顾，国破家亡写苦词。
门前繁华无赏意，《临江仙》中有怨思②：
庭院深深深几许？云窗雾阁怨春迟。
不料梅花已开过，试问为谁损芳姿？
原来昨夜清梦好，梦中才见发南枝。
玉瘦檀轻恨无限，却叫羌管休吹时。
可怜梅花纷纷落，吹尽浓香有谁知。
唯恐春到杏花肥，但求风缓日慢驰。
写尽惜梅哀怨情，难留芳华吟青诗。

家毁国破乡音渺，闷坐官邸人渐老。
公务繁忙赵明诚，倒劝妻子解烦恼。
清照一阕《菩萨蛮》，却问乡愁何处了③：
风柔日薄春犹早，夹衫乍著心情好。
谁料睡起觉微寒，鬓上梅花残又少。
故园之思焉得忘，除非沉醉无思考。
不信乡愁随酒去，沉水香消酒未消。
醒里梦里故乡影，北望青州哭宋朝。

南宋初年试忠奸，赵家兄弟皆做官。
危难之时见真意，家族亲朋抱成团。
三月三日上巳节，明诚做东宴会餐。
清照填词增气氛，《蝶恋花》中忆当年④：
一阕上巳召亲族，沉郁苍凉写心酸。

永夜恹恹欢意少，空梦记取长安道。
为报今年春色好，花光月影宜相照。
随意杯盘虽草草，酒美梅酸适怀抱。
醉里插花花莫笑，可怜春似人将老。
回忆汴京繁华日，花店金街酒肆闹。
青梅煮酒称人意，微醺插花花含笑。
一梦醒来春还在，国破家亡徒懊恼。

建炎三年风雨愁，完颜宗翰袭扬州。
高宗饮酒正作乐，逃出扬州奔杭州。
随即金兵又克杭，高宗跳船海上溜。
不习海战金兵退，火烧杭州抢掠偷。
胆战心惊高宗回，不思进取不复仇。

二月明诚官位换，诏知湖州离京远。
新任未赴旧任断，闻报今夜有兵变。
御营军队驻京都，统制王亦要谋反。
王亦官低赵明诚，却属朝廷有特权。
夜间纵火为号令，十万火急帝都险。
转运副使李谟急，催促明诚谋调遣。
明诚恪守老规矩，调令既到不该管。
李谟无奈独自干，雷厉风行夜平叛。
黎明捷报赵知府，人去楼空冷牍案。
原来当夜兵马乱，城墙吊绳逃命窜。
人告缒城宵遁罪，明诚三月被罢免[5]。
一生瑕疵难洗去，更为清照留祸患。

清照写诗大义行，批判懦臣怨明诚[6]：

生前做人当为杰，死后做鬼亦称雄。
至今敬佩楚霸王，宁死不肯过江东。
放眼皇帝并臣吏，四处逃窜躲金兵。
鲜有举刀护家国，少见挺身怜民情。
一首小诗义凛凛，一介女流骨铮铮。
刚劲有力拔山气，慷慨雄健掷地声。
教育多少华夏子，千古大地倡此风。

【注释】

① 正月初七人日祭,《菩萨蛮》中思家园：指李清照词《菩萨蛮》："归鸿声断残云碧。背窗雪落炉烟直。烛底凤钗明，钗头人胜轻。　角声催晓漏。曙色回牛斗。春意看花难，西风留旧寒。"

② 门前繁华无赏意，《临江仙》中有怨思：指李清照词《临江仙·梅》："庭院深深深几许？云窗雾阁春迟。为谁憔悴损芳姿。夜来清梦好，应是发南枝。　玉瘦檀轻无限恨，南楼羌管休吹。浓香吹尽又谁知。暖风迟日也，别到杏花肥。"

③ 清照一阕《菩萨蛮》,却问乡愁何处了：指李清照词《菩萨蛮》："风柔日薄春犹早，夹衫乍著心情好。睡起觉微寒，梅花鬓上残。　故乡何处是？忘了除非醉。沉水卧时烧，香消酒未消。"

④ 清照填词增气氛,《蝶恋花》中忆当年：指李清照词《蝶恋花·上巳召亲族》："永夜恹恹欢意少。空梦长安，认取长安道。为报今年春色好，花光月影宜相照。　随意杯盘虽草草。酒美梅酸，恰称人怀抱。醉里插花花莫笑，可怜春似人将老。"李清照流离到南方，一插花便引起故国之思，说如果醉中习惯性地在头上插花，花儿也不要笑话我人老还要插花，因为故国情思无时不在心头。人将老，春也老，暗示国运前途不乐观。

⑤ 人告缒城宵遁罪，明诚三月被罢免：建炎三年（1129年）二月，身为江宁知府的赵明诚接到调任湖州知州的诏令，就在江宁新知府尚未到来、赵明诚也未赴湖州的空档期，御营统制官王亦率京都御营军队驻扎江宁。他的官职虽然比赵明诚低，但他的军队直属朝廷调遣，并不受江宁府管辖。王亦利用这一空档期发动兵变，以夜间纵火为号，企图谋反。作为京都要地，江宁的安危关乎朝廷的安全。江东转运副使、直徽猷阁李谟立刻向尚未离任的赵明诚汇报，可赵明诚认为自己已经调离，无法干涉此事。李谟非常着急，情况已经十万火急，李谟只好单独行动，组织平叛。王亦的叛军很快被李谟击败，王亦仓皇撞开南门逃走。拂晓时李谟取胜收兵，急匆匆来到赵明诚官邸汇报，才知道赵明诚与其他两位州府首长竟在当夜兵乱时从城墙上吊下绳索，弃城逃命去了。同年三月，赵明诚因“缒城宵遁”事件被罢免。这件事成为赵明诚一生的劣迹，也为李清照以后的生活带来很大祸患。

⑥ 清照写诗大义行，批判懦臣怨明诚：指李清照诗《夏日绝句》：“生当作人杰，死亦为鬼雄。至今思项羽，不肯过江东。”

# 第十六章 幽愤建康城

## 章 序

宋高宗建炎三年（1129年）三月，赵明诚因“缒城宵遁”事件被罢免江宁知府，这件事对李清照的精神打击也很沉重。她整日蜗居住处，以回忆过去、思念亲人故土为主要生活内容，羞耻感、幽愤感刺痛着她，而她又无可奈何，只有将这一切融进一首首词中。同时赵明诚也觉得无颜见江宁亲族友人，于是他们决定离开江宁，隐居江西赣江一带。本章记叙赵明诚被罢免至迁居之前一两个月时间内，李清照耻居江宁的情感经历。她时年四十六岁。

## 诗 叙

缒遁罢官惹朝廷，明诚昼夜总担惊。
清照闭门思幽愤，《临江仙》词诉悲情[①]：
庭院深深深几许，云窗雾阁整日扃。
大地复苏庭院春，柳梢梅萼渐分明。
喜看春归秣陵树，无奈人老建康城。
感月吟风多少事，如今老去却无成。
明知今春非去春，谁怜憔悴更凋零。
烽烟试灯无意思，国难踏雪没心情。
满眼凄凉家国破，繁华欢乐遥无影。
神情倦怠意凄切，抑郁幽愤心灰冷。

日出天长熬日落，暮罩夜永盼天明。
绿枯红瘦凄凄女，月黑天高耿耿星。

清照幽愤又疼夫，明诚被罢心自苦。
当时一介持笔吏，怎敢军前制悍武。
何况已无江宁权，缒城自保理亦足。
臣子为国是天职，丈夫立身大义处。
朝廷不容怯夫为，明诚有冤向谁诉？
清照最解丈夫意，慰藉良人衷肠吐。
《瑞鹧鸪》词双银杏，犹把银杏比夫妇②：
风韵雍容未甚都，尊前柑橘可为奴。
堪怜流落江湖上，玉骨冰肌未肯枯。
谁教并蒂连枝摘，明皇太真以沫濡。
居士擘开真有意，风味两新吟卿吾。

患难夫妻相扶将，以沫相濡抚创伤。
风风雨雨数十载，不离不弃发染霜。
乱世为官更难处，时有不慎遭祸殃。
不如远离是非地，归隐山水种蚕桑。
放眼大宋疆辽阔，满目疮痍家何方。
问道赣江远战火，举家迁徙勿彷徨。

【注释】

① 清照闭门思幽愤，《临江仙》词诉悲情：指李清照词《临江仙》（并序）序曰：“欧阳公作《蝶恋花》，有‘庭院深深深几许’之语，予酷爱之。用其语作‘庭院深深’数阕。其声即旧《临江仙》也。”词曰：“庭院深深深几许？云窗雾阁常扃。柳梢梅萼渐分明。春归秣陵树，人老建康城。　感月吟风多少事，

如今老去无成。谁怜憔悴更凋零。试灯无意思，踏雪没心情。”

② 《瑞鹧鸪》词双银杏，犹把银杏比夫妇：指李清照词《瑞鹧鸪·双银杏》：“风韵雍容未甚都，尊前柑橘可为奴。谁怜流落江湖上，玉骨冰肌未肯枯。　　谁教并蒂连枝摘，醉后明皇倚太真。居士擘开真有意，要吟风味两家新。”

# 第十七章　此去竟永别

## 章　序

宋高宗建炎三年（1129年）三月，赵明诚被罢免江宁知府，稍微处理了善后事宜，夫妇即举家迁徙，乘船逆流向江西赣江方向而去，决定隐居赣江。他们于同年五月初抵达池阳（今陕西泾阳县和三原县部分地区）。池阳知州刘子羽是赵明诚的旧识，也很崇拜“文章落纸，人争传之”的一代才女李清照，就热情款待，挽留赵明诚夫妇暂住下来。同年五月底，刘子羽拿着宋高宗重新任命赵明诚为湖州知州的诏令来到赵明诚住处报喜。同年六月十三日，赵明诚只身一人骑马从官道奔赴京城建康（五月江宁改建康），过阙上殿，觐见高宗。同年七月底，李清照接到书报赵明诚病重的消息，立即动身乘船，一昼夜赶三百里去帝王行宫所在的建康城守护自己相依为命而奄奄一息的丈夫。同年八月十八日赵明诚在建康去世。李清照顿时晕倒。这次分离时间虽只有一个多月，却成为夫妻最后一次两地相思。本章记叙1129年三月至八月夫妇迁居至赵明诚去世约半年时间内李清照所经历的塌天之灾。她时年四十六岁。

## 诗　叙

免官明诚神魂丢，立足江宁倍感羞。
湖州更是无由去，天下之大何处留？
乱世为官非易事，远走高飞何所求。

选择西南山水地，举家迁徙向赣州。

庆幸前年见识长，青州文物选精良。
明诚带走十五车，辗转江宁奔母丧。
如今罢官离江宁，所带文物几十箱。
意欲隐居江西域，山高帝远谪赣江。
迁徙路上多难民，饿殍遍野人恓惶。
一路愤慨一路赶，五月初时过池阳。
池阳知州刘子羽，明诚旧识共朝堂。
崇拜赵李夫妇名，又载文物连船装。
执意相留好款待，安顿居住伺周详。

夫妻颠沛已疲劳，池阳正好歇歇脚。
不想刚刚五月底，知州就来传喜报：
高宗重启赵明诚，湖州知州任上调。
三月罢免五月复，个中原委人明晓：
明诚大哥赵存诚，广州知州地位高。
二哥思诚知泉州，再加妹夫官于朝。
清照弟弟有李迒，皇帝身边职务骄。

众多亲戚暗中助，罢官百日便又复。
只憾明诚性太急，当初应守江宁住。
携带家产与文物，餐风宿雨迁徙路。
百日之内无安逸，徒教身心过劳度。

如今接旨立赴京，过阙上殿见高宗。
面授圣谕谢皇恩，赴任湖州表赤忠。
明诚重托刘知州，只身官道奔京城。

清照也爱池阳好，古色古香又安宁。
江南水乡民风淳，知州可靠如亲朋。

夫君心急妻惶惶，桃花渡口话别肠[1]。
千辛万苦才安逸，又要分离两茫茫。
低声叮咛衣食暖，替夫整巾又理裳。
明诚一笑嘱放心，已是六月有何妨。
言毕下船登彼岸，倚马挥手向船舱。
葛衣岸巾神如虎，目光灿灿望远方。
纵身跃马欲扬鞭，舱中妻子急开腔：
若是城中局势恶，指我如何进退方？
凝神指远明诚嘱：势迫随众避战场。
万不得已去辎重，次去衣被书画箱。
再去古董卷轴册，定与宗器共存亡。
清照扬手欲再言，已是策马尘飞扬。

池阳虽好心凄惶，清照常被噩梦伤。
一个多月有信来，明诚已病入膏肓[2]：
六月酷暑一路驰，鞍马劳顿饭无常。
感染疟疾冷热颤，又服寒药退热汤。
疟疾痢疾两病交，寒热交加无良方。
清照闻讯心如焚，水路乘船向东航。
一个昼夜三百里，见到明诚泪雨淌。
果如清照所预判，两病摧人面土黄。
几天之后命旦夕，声音微弱难下床[3]。
清照不忍问后事，回天无力心仓皇。
八月十八绝笔诗，不言卖履与分香。
四十九岁赵明诚，一命呜呼赴天堂。

不信苍天对我虐，不信伊人从此灭。
不信熠熠如虎貌，撒手人寰仅一月。
不信桃花渡口语，竟是今生作永别！
呆坐如死无声息，清照悲痛失知觉。

葬礼草草无所举，清照大病即不起。
病床冰冷身边空，乱世飘零孤无倚。
痛吟一首《声声慢》，千回百转意低迷[4]：
冷冷清清寻觅觅，凄凄惨惨更戚戚。
乍暖还寒夜幕时，心冷透骨难将息。
饮下三杯两盏酒，难敌晚来寒风急。
正伤心时闻旧雁，当年曾把情书寄。
憔悴无心赏秋菊，满地黄花空堆积。
独自倚窗无所看，试问太阳何时西。
点点滴滴更淅沥，滴到黄昏声不已。
孤雁残菊梧桐雨，凄苦焉可愁字敌。
山河破碎心具碎，音容不在诗难续。
空将罗襟前日泪，弹向征鸿无音迹。

一从与夫阴阳隔，柔情直被痛苦搓。
醒来满眼郎君影，寐时惊起见梦魔。
挥毫含泪填苦词，秋桐一阕《忆秦娥》[5]：
江宁故宅临高阁，乱山平野烟光薄。
栖鸦归后人何在？暮天茫茫闻鼓角。
断香残酒情怀恶，西风送寒梧桐落。
梧桐叶稀鸳鸯孤，寂寞写满枯秋色。

失夫之痛彻骨伤，重病清照毁健康。

茶饭不思丢魂魄，心灰意冷难起床。
亲戚故友忠言劝，生活总要自己扛。
悲泪弹向《鹧鸪天》，直面现实宽心房[⑥]：
寒日萧萧上锁窗，梧桐应恨夜来霜。
酒阑更喜团茶苦，梦断偏宜瑞脑香。
寒秋虽尽日犹长，仲宣怀远更凄凉。
不如随分尊前醉，莫负东篱菊蕊黄。

与人不争本无求，只愿共渡风雨舟。
却与中途撒手去，教我孑然天地留。
天赐家世与爱情，到底一一被神偷。
人妒天妒神亦妒，欲问穹苍是何由！

**【注释】**

① 夫君心急妻惶惶，桃花渡口话别肠：李清照《金石录后序》载："六月十三日，始负担，舍舟坐岸上，葛衣岸巾，精神如虎，目光灿灿射人，望舟中告别。余意甚恶，呼曰：'如传闻城中缓急，奈何？'戟手遥应曰：'从众。必不得已，先去辎重，次衣被，次书册卷轴，次古器，独所谓宗器者，可自负抱，与身具存亡，勿忘也。'遂驰马去。"

② 一个多月有信来，明诚已病入膏肓：李清照《金石录后序》载："途中奔驰，冒大暑，感疾，至行在，病痁（shān，疟疾）。七月末，书报卧病。余惊怛（dá，惧怕），念侯性素急，奈何。病痁或热，必服寒药，疾可忧。遂解舟下，一日夜行三百里。比至，果大服柴胡、黄芩药，疟且痢，病危在膏肓。"

③ 几天之后命旦夕，声音微弱难下床：李清照《金石录后序》载："余悲泣，仓皇不忍问后事。八月十八日，遂不起。取笔作诗，绝笔而终，殊无分香卖履之意。""分香卖履"典故出自三国

时曹操临终《遗令》：“余香可分与诸夫人，不命祭。诸舍中无所为，可学作组履卖也。”后世用此典故代指人死前对各房妻妾的嘱托。李清照说赵明诚在绝笔中“殊无分香卖履之意”，可据此推测赵明诚确实存在侍妾。这就有助于理解李清照词中所表达的“长门之怨”和咏梅、咏白菊中因花谢色衰而哀愁的情绪内涵了。

④ 痛吟一首《声声慢》，千回百转意低迷：指李清照词《声声慢·秋情》：“寻寻觅觅，冷冷清清，凄凄惨惨戚戚。乍暖还寒时候，最难将息。三杯两盏淡酒，怎敌他、晚来风急。雁过也，正伤心、却是旧时相识。　满地黄花堆积。憔悴损，如今有谁堪摘。守着窗儿，独自怎生得黑。梧桐更兼细雨，到黄昏、点点滴滴。这次第，怎一个、愁字了得！”

⑤ 挥毫含泪填苦词，秋桐一阕《忆秦娥》：指李清照词《忆秦娥·桐》：“临高阁，乱山平野烟光薄。烟光薄，栖鸦归后，暮天闻角。　断香残酒情怀恶，西风催衬梧桐落。梧桐落，又还秋色，又还寂寞。”李清照由梧桐叶落飘飘自然引起对亡夫赵明诚的思念。

⑥ 悲泪弹向《鹧鸪天》，直面现实宽心房：指李清照词《鹧鸪天》：“寒日萧萧上锁窗，梧桐应恨夜来霜。酒阑更喜团茶苦，梦断偏宜瑞脑香。　秋已尽，日犹长，仲宣怀远更凄凉。不如随分尊前醉，莫负东篱菊蕊黄。”该词中，清照借古抒怀，表达故国之思，又表达自我宽解之意，但仍然充满着难以消解的乡愁与孤苦无依的哀伤。

# 第十八章　洪州文物劫

## 章　序

宋高宗建炎三年（1129年）八月十八日赵明诚去世后，李清照重病不起，于建康守着亡夫坟茔日夜悲悲切切。然而，很快听到金军逼近、朝廷已分遣六宫、长江即将禁渡的恶讯，想到寄存池阳的大批文物，她立刻挣扎着赶赴池阳。将赵明诚从青州带出的十五车文物整理出大部分送往在洪州护卫太后的兵部侍郎赵明诚妹夫李擢处，不想金人陷洪州，李擢与太后又逃，文物不知所踪，李清照痛恨交加，又大病一场。之后，到台州投胞弟李迒，携带所余文物追随朝廷逃亡，辗转于海上、陆上各地，历尽艰辛磨难。至建炎四年（1130年）十二月朝廷禁止郎官以下人员追随，李清照滞留衢州，又到越州。后于1132年再到杭州投奔弟弟李迒。本章记叙李清照四十六岁至四十九岁，即1129年八月赵明诚去世后至1132年再投李迒之前，三年左右时间里的逃难生涯，以及大批文物丢失的灾难。

## 诗　叙

丧夫卧病凄凉居，寒窗更传坏消息[①]：
高宗遣散后宫妃，禁渡长江欲断敌。
如雷轰顶清照怕，池阳文物陷危机。
尚有藏书两万卷，金石刻本二千计。
器皿被褥供百客，其他文物与此匹。

一旦战火烧池阳，青州悲剧将重续。
想起明诚孜孜苦，无颜面对亡夫去。
推开病床回池阳，顶风逆浪拖羸体。

同年七月金军扰，隆祐太后六宫跑。
明诚妹夫名李擢，护卫太后安全保[②]。
皇家驻地无战火，存放文物更可靠。
清照委托李擢管，再把文物仔细挑。
当年带出十五车，选出大部细心包。
一船一船送洪州，珍宝去向李擢交。
谁料金兵追太后，李擢六宫弃城逃。
洪州已是烽火处，文物无踪随烟消。
肝肠寸断呼天地，清照病床任泪浇。

凄凄惨惨检余器，十之六七已失去。
似看明诚朗朗目，又闻马前谆谆语。
羸弱肩膀担重任，亡人嘱托应扛起。
所对文物意义重，历代先贤珍贵迹。
此责饱含夫妻情，更有历史家国义。
从此清照心胸开，意志刚强又坚毅。
定与文物共生死，千难万险无所惧。

个人安危不再求，只求文物安全留。
全国处处烽烟起，追随皇帝是上谋。
投奔胞弟靠李迒，辗转逃亡风雨稠。
先是逃到台州避，谁知太守早已溜。
回头折返逃剡县，未及喘气奔陆州。
张张惶惶到黄岩，急忙下海租木舟。

船家责怪货物多，又将衣服被子丢。
一路追随朝廷步，踏浪海道达温州。
跌跌撞撞尚未稳，随即拔营返越州。
建炎四年冬月起，朝廷制度重新修[3]：
郎官以下禁追随，清照无奈停衢州。
孤苦飘零无人佑，腥风血雨日夜愁。

曾经海上逃难处，惊怒哀愁百感触。
浩然一阕《渔家傲》，见出清照桀骜骨[4]：
天接云涛连晓雾，星河欲转千帆舞。
仿佛梦魂归帝所，要将悲苦向天诉。
上天问我归何处？我报路长嗟日暮。
学诗谩有惊人句，蹉跎未了大抱负。
风鹏正举九万里，求天劲鼓风休住。
吹我蓬舟到三山，好与神仙比诗赋。
足见清照巾帼志，比得须眉汗颜输。
总把瘦肩负重担，千辛万苦逃难途。

**【注释】**

① 丧夫卧病凄凉居，寒窗更传坏消息：李清照《金石录后序》载："朝廷已分遣六宫，又传江当禁渡。时犹有书二万卷，金石刻二千卷，器皿、茵褥可待百客，他长物称是。余又大病，仅存喘息。"

② 明诚妹夫名李擢，护卫太后安全保：据李清照《金石录后序》载："事势日迫，念侯有妹婿任兵部侍郎，从卫在洪州，遂遣二故吏先部送行李往投之。冬十二月，金人陷洪州，遂尽委弃，所谓连舻渡江之书，又散为云烟矣。独余少轻小卷轴书帖，写本李、杜、韩、柳集，《世说》《盐铁论》，汉、唐石刻副本数十轴，三代鼎、鼐十数事，南唐写本书数箧，偶病中把玩，搬在卧内者，

岿然独存。”宋高宗建炎三年（1129年），亦即赵明诚去世当年七月，隆祐太后率领六宫逃到洪州（今江西南昌），赵明诚的妹夫李擢时任兵部侍郎负责护卫后宫家眷安全。李清照考虑如果把文物交给李擢保管，总比自己一个孤苦妇人带着要安全。于是与李擢联系好，将赵明诚从青州旧宅带出来的十五车文物再仔细整理，自己只留下一小部分轻巧易带的珍稀文物，将大部分文物装船让忠诚老仆护送。又找信得过的船主，千叮万嘱请他们务必亲手将这批宝物交给李擢。不料隆佑太后率六宫一行人浩浩荡荡逃亡，目标太大，引得金兵穷追不舍，洪州守将弃城逃跑，太后一行只能退到虔州（今江西赣州）。李擢和他的父亲也一起逃之夭夭了。这批文物由赵明诚千辛万苦从青州运出来，又由夫妻二人从江宁护送着来到池阳，再由李清照派人千里迢迢送到洪州，结果却在战火之中不知所终了。那一船又一船送过长江的书籍金石，就这样烟消云散、石沉大海，她想到夫君重托，懊悔不已，又大病。

③ 建炎四年冬月起，朝廷制度重新修：宋高宗建炎四年（1130年）十一月，朝廷下令，郎官以下的官员都不许再跟随皇帝逃亡。这时李清照已经追随朝廷经海道到温州又回到越州，无奈之下她只能去往衢州。在衢州整日惶惶，绍兴元年（1131年）三月又逃到越州。一年多后，接到弟弟家书，于绍兴二年（1132年）正月在杭州投奔弟弟李迒。

④ 浩然一阕《渔家傲》，见出清照桀骜骨：指李清照词《渔家傲·记梦》：“天接云涛连晓雾，星河欲转千帆舞。仿佛梦魂归帝所，闻天语，殷勤问我归何处。　　我报路长嗟日暮，学诗谩有惊人句。九万里风鹏正举。风休住，蓬舟吹取三山去。”本词表达了词人毫无畏惧、追求理想的信念之高远之坚定。

# 第十九章 “玉壶颁金”恐

## 章 序

宋高宗建炎四年（1130年）十一月，朝廷下令“郎官以下不准再追随朝廷逃难”。就在李清照因禁令而滞留衢州、越州惶惶不安的日子里，突然接到了同胞弟弟李迒的家书。此时李迒在皇帝身边担任敕局删定官，有资格跟随御驾逃亡，知道姐姐仍四处飘零，便请姐姐来杭州投奔自己。于是清照又颠沛奔波、兜兜转转去投靠李迒，直到宋高宗绍兴二年（1132年）初，终于来到杭州与弟弟团聚。但好景不长，不久就出现了“玉壶颁金”之难。本章记叙李清照1132年在杭州与弟弟团聚和“玉壶颁金”之难的经历。她时年四十九岁。

## 诗 叙

流离失所无处避，忽传家书报惊喜。
父母早已入九泉，至亲唯有李迒弟[①]。
早年元祐遭磨难，李迒随父谪居去。
蔡京倒台李迒起，皇帝身边作忠吏。
御驾逃亡有资随，信邀姐姐投自己。
亲人关怀无限暖，清照丝毫不犹豫。
立刻启程奔杭州，兜兜转转风雨里[②]。
直到绍兴二年时，团圆胞弟再凭倚。

国破家亡多少事，姐弟相拥患难泣。
姐姐双鬓已斑白，瘦削无力神色沮。
当年汴京快乐日，恍如隔世不敢忆。
千难万险又团聚，清照感激苍天意。
赠弟一首《青玉案》，但愿永远在一起③：
征鞍不见邯郸路，莫便匆匆又归去。
秋风萧条何以度？相守骨肉暖心绪。
明窗小酌话青灯，便为最好流连地。
相逢各自伤迟暮，犹把新词诵奇句。
盐絮家风人所许，如今憔悴安得倚？
相见但余双泪倾，泪下一似黄梅雨。

所幸乱世有依靠，也是天佑李清照。
高兴日子没多久，“玉壶颁金”大祸到④：
李迒慌张跑回家，疾呼有事大不好！
语无伦次报姐姐，杀身之祸难自保！
清照一听面灰白，细问李迒说分晓：
有人上奏皇帝诉，拿出清照通敌物。
缴获金军有玉壶，认定壶自明诚处。
据此可定通敌罪，并说寡妇多财富。
清照回想明诚病，张氏探望带玉壶。
其实该壶美石刻，临别带走何干吾？
此壶搜自金军营，何以定为赵家出？

此事满朝轩然波，如若下诏罪难赦。
当年缒城宵遁错，如今“玉壶颁金”说。
不但死人亦加罪，清照更是无处躲。
最怕株连李迒弟，招来满门杀身祸。

浑身颤抖清照苦，百口莫辩向谁诉！
谁管才女品性洁，高傲更是无用处。
如今失去顶梁柱，不过病弱一寡妇。
强人眼中砧板肉，任人宰割做囚掳。

惶恐不寐无所持，哭诉亡夫《南歌子》⑤：
天上星河依旧转，人间帘幕却蒙耻。
思君无计解祸患，凉生枕簟泪痕滋。
长夜耿耿残漏永，起解罗衣念故知。
如今翠贴莲蓬小，金销藕叶稀零丝。
旧时天气旧时衣，唯有情怀非旧时。
彻夜徘徊哭干泪，怨恨交加无计施。

“玉壶颁金”似魔毒，旨在大批金石物。
呕心沥血几十年，战火之中舍命护。
如今竟是不祥货，姐弟无策意凄楚。
思虑再三权利弊，清照做出意外主：
宁肯全部交国库，决不送入宵小府。

黑夜沉沉人入眠，清照徘徊金石前。
所有青铜古物器，竟将住屋都摆严。
仔细擦拭又端详，件件镌刻说当年。
对话铜器致歉意，割舍之情如刀剜。
一箱一箱装满车，追随皇帝真诚献。
姐弟追到越州府，皇帝四明又避险。
焉敢携宝四处奔，家仆守护寄剡县。
不久家仆报恶讯，所有古器云消散。
原来官军搜逃兵，将军李氏都霸占。

呜呼哀哉叹人间，势单力薄奈何天！
“玉壶颁金”波折后，藏品十之剩二三。
书画墨砚五六筐，清照一看就胆颤。
生怕被人再盯上，藏在床下亲自看。
半夜忽有细声响，激灵坐起观四面。
侍女安慰猫儿过，惊魂甫定只辗转。
魂梦不堪幽怨醒，一声鸟鸣让心颤。
怀念当年平淡日，难能可贵再无缘。
颠沛流离今日苦，才知平安最甘甜。

心灰意冷常咨嗟，愧对亡夫相托约。
提笔吟诵《好事近》，一字一诉具哽咽⑥：
雨停风定落花深，帘外拥红复堆雪。
长记海棠开过后，正是闺房伤春切。
如今歌罢玉尊空，残烛青缸暗明灭。
魂梦不堪幽怨醒，夜沉更听悲啼鸩。

**【注释】**

① 父母早已入九泉，至亲唯有李远弟：当年因为受到元祐党人的牵连，李格非带着儿子李远回到山东老家。蔡京倒台之后，李远重新被启用。如今他在皇帝身边担任敕局删定官，属于近臣。所以他接姐姐来，可以享受与皇帝一起逃亡的特权。

② 立刻启程奔杭州，兜兜转转风雨里：宋高宗从建炎元年（1127年）登上皇帝位之后，就一直处于四处逃窜状态。建炎四年（1130年）二月，由于金兵不习水战放弃追踪宋高宗而撤离，宋高宗这才又回到杭州，改杭州州治为行宫；同年七月升杭州为临安府。从此，杭州成为南宋的都城。李远随皇帝住杭州，所以，清照就辗转来到杭州与弟弟相聚。

③ 赠弟一首《青玉案》，但愿永远在一起：指李清照词《青玉案》：“征鞍不见邯郸路，莫便匆匆归去。秋风萧条何以度？明窗小酌，暗灯清话，最好留连处。　　相逢各自伤迟暮，犹把新词诵奇句。盐絮家风人所许。如今憔悴，但余双泪，一似黄梅雨。”

④ 高兴日子没多久，“玉壶颁金”大祸到：玉壶颁金，据李清照《金石录后序》载：“先侯疾亟时，有张飞卿学士，携玉壶过视侯，便携去，其实珉也。不知何人传道，遂妄言有‘颁金’之语，或传亦有密论列者。余大惶怖，不敢言，亦不敢遂已，尽将家中所有铜器等物，欲赴外廷投进。到越，已移幸四明。不敢留家中，并写本书寄剡。后官军收叛卒，取去，闻尽入故李将军家。”

宋高宗绍兴二年（1132年），李清照终于在杭州又与胞弟李迒见面，当时李迒在皇帝身边供职。有人向皇帝上奏章弹劾李清照暗中通金国，理由是在缴获的金军器物中有一个玉壶，被人指认是赵明诚的藏品，并说李清照家中金石古物甚多，她用此来通敌。李清照回想赵明诚病重时许多人探望，其中一个叫张飞卿的学士探望时携带了一把玉壶，但那只是外形似美玉的石头雕刻而成的石壶而已，况且他走时就带走了。如今这把壶出现在金军手里，怎么就认定是赵家物什呢？如果“玉壶颁金”诬告成功，不仅故去的赵明诚要获罪，李清照也要获罪，轻者贬为奴隶，重者充军发配，甚至有杀身之祸，更要命的是会株连李迒本人及全家。

因此李清照决定马上写上诉状给皇帝解释清楚。但是李迒知道事情没有这么简单，赵家的藏品有很多人觊觎。当年赵明诚重病时，深受高宗宠幸的太医局医官王继先为其治疗，谁料他没治好赵明诚的病，却看上了赵家珍藏的古董而想趁火打劫，提出用三百两黄金将赵明诚手上的古董全部买下。赵明诚断然拒绝，但王继先不依不饶，依仗自己宠臣的地位不断施压，让重病中的赵明诚屡屡气结。无奈之时，赵明诚告诉了表兄谢克家。谢克家是兵部尚书，给高宗皇帝上了一道奏折，写道：“恐疏远闻之，有累圣德，欲望寝罢。”强调此类以权势夺人所爱的事如果传出去，恐怕会有损皇帝圣德，高宗于是出面制止了王继先。这件事记录于南宋李心传《建炎以来系年要录》卷二十七。足见垂涎赵明诚收藏品的人不在少数。

现在面临“玉壶颁金”的诬陷之事，李迒告诉姐姐，这背后是朝中有人盯上了赵家的藏品，想通过朝廷压力逼迫李清照就范而已，并不是你解释清楚就能了结的事情。李清照这时才清楚地意识到，她所携带的十几箱藏品在别人眼中是无价之宝，许多人想据为己有，而家中失去顶梁柱的寡妇在他们眼中就是一块砧板上的肉而已。她心痛不已，没有想到夫妻二人曾经呕心沥血积累的收藏品，如今居然成了引来灾祸的不祥之物。如果不屈服，就会连累全家。于是她决定将家中所有青铜器等古物拿出来捐献给国库，也决不让这些宝物落入宵小之徒手中。她连夜擦拭整理装车，与弟弟一起赶到越州去找皇帝。然而当他们日夜兼程赶到越州时，皇帝已经带着宫眷逃往四明去了。如果继续拉着这些宝物奔波追赶皇帝，也很不安全，所以李清照决定将这批宝贝由可靠家仆守护寄放在剡县。结果没过多久，家仆回来报信：官军在搜捕叛逃士兵时，将所有藏品都收走了。后经多方打听，藏品全部被一个姓李的将军占为已有。

⑤ 惶恐不寐无所持，哭诉亡夫《南歌子》：指李清照词《南歌子》：“天上星河转，人间帘幕垂。凉生枕簟泪痕滋，起解罗衣聊问夜何其。　翠贴莲蓬小，金销藕叶稀。旧时天气旧时衣，只有情怀不似旧家时。”

⑥ 提笔吟诵《好事近》，一字一诉具哽咽：指李清照词《好事近》：“风定落花深，帘外拥红堆雪。长记海棠开后，正伤春时节。　酒阑歌罢玉尊空，青缸暗明灭。魂梦不堪幽怨，更一声啼鴂。”

# 第二十章　颠沛遭窃时

## 章　序

从宋高宗绍兴二年（1132年）初，李清照与弟弟李迒团聚之后，就同弟弟一起又开始了追随朝廷逃难的漂泊生涯。一次她和弟弟全家逃难途中路过越州的会稽时，遇见一位老者，这位钟姓老者很崇拜李清照及其父亲李格非，热情邀请他们住下。一时间轰动当地，引起不法之徒的觊觎，结果文物再次被盗。本章记叙这次文物被盗的经历。她时年四十九岁。

## 诗　叙

战乱生活本不堪，饱受诬告倍熬煎。
清照虽有弟弟护，追随皇族四处迁。
不比凡夫求温饱，护佑藏品举步艰。
一次迁徙逃难途，赶到越州夜已半。
四处寻找落脚处，大型客栈都住满。
行李几车家口众，小店顾虑拒承揽。
无奈出城驱夜路，深更犹见灯火闪。
李迒扣门求慈翁，钟姓老者邀入院。
谈话之间知身世，名门之后今日怜。
钟老崇拜李格非，清照才名满江山。
热情挽留住几日，随即消息遍城传。

半夜忽听人声响，清照惊起问端详[①]：
侍女慌说巡更者，勉强躺下心惶惶。
清晨一声遭贼喊，清照披衣冲库房。
一看墙壁被凿洞，书画又少好几筐。
李迒找来钟老问，钟老叹气说一方：
贼人本非风雅客，盗窃字画为钱粮。
不如满足贼人愿，用钱赎画可商量。
清照立即贴告示，承诺还画重金赏。
果然人抱一堆画，声言捡来换银两。
姐弟强压心中怒，付钱苦求剩余量。
大量书画未见踪，贼人昂然拂袖扬。
清照再点所藏物，十之一二残零样[②]。
尽管残零不成册，如护头目不敢伤。
四顾扰扰人逃亡，扶额咽泪向北疆：
泱泱华夏杰安在，何以金寇逞凶狂！

问天不应对地悲，《清平乐》词凄楚味[③]：
韶华青春多幸福，年年雪里赏梅醉。
虽结佳偶常离别，挼尽梅花断肠摧。
月下斜枝倚病看，暮中横笛和愁吹。
无心赏梅梅自落，赢得满襟清泪垂。
而今萧萧两鬓华，天涯海角无家归。
晚来北风送鼓角，今年战地难看梅。

追随朝廷四处迁，流浪岁月到何年？
可怜拖累李迒弟，为我守护保平安。
若得一个容身处，何用亲人日夜牵。
此念虽替弟弟想，却为再婚埋祸源。

**【注释】**

① 半夜忽听人声响，清照惊起问端详：据李清照《金石录后序》载："在会稽，卜居土民钟氏舍，忽一夕，穴壁负五簏去。余悲恸不得活，重立赏收赎。后二日，邻人钟复皓出十八轴求赏，故知其盗不远矣。万计求之，其余遂牢不可出。"

② 清照再点所藏物，十之一二残零样：据李清照《金石录后序》载："所谓岿然独存者，乃十去其七八。所有一二残零不成部帙书册，三数种平平书帖，犹复爱惜如护头目，何愚也耶！"在靖康之变前，李清照和赵明诚夫妇省吃俭用，收集金石文物，在青州旧宅中，他们数十年的藏品装满十几个房间，足抵一个博物馆。然而，随着国家沦陷，一切都变了。除了靖康二年（1127年）三月赵明诚去江宁奔丧时带走十五车精品，其余十几个房间的藏品全部毁于战火。赵明诚去世之后，为了托妹夫李擢保管，结果这十五车的一多半金石书卷遗落无踪。之后又为了消除"玉壶颁金"之灾，所剩全部青铜器物在献给朝廷时被李将军掠走。这次逃难越州会稽时又被盗五六筐书卷字画。目前所剩十之一二，多为残零不成册之画册书帖。

③ 问天不应对地悲，《清平乐》词凄楚味：指李清照词《清平乐》："年年雪里，常插梅花醉。挼尽梅花无好意，赢得满衣清泪。　　今年海角天涯，萧萧两鬓生华。看取晚来风势，故应难看梅花。"

# 第二十一章　再婚百日难

## 章　序

宋高宗绍兴二年（1132年），李清照随朝廷刚刚逃难回到杭州（又名临安府，当时南宋都城），就有张汝舟上门求婚，李清照不许。张汝舟再登门时带来“玉壶颁金”的“官文书”，胁迫李清照如不答应成婚，就要旧事重提，势必带来塌天之祸。经过痛苦抉择，李清照于绍兴二年六月在被胁迫中嫁给了张汝舟，希望牺牲自己一人可以换来赵明诚的哀荣无损，可以不株连刚刚升官的弟弟及全家，她也相信了张汝舟的甜言，天真地希望嫁给张汝舟可能有一个后半生的安稳去处，也好减轻弟弟的负担。结果张汝舟发现李清照并没有传说中的巨大文物资产，就翻脸虐待折磨，命李清照交出所藏。李清照坚守清白，被张汝舟折磨得仅剩喘息。李迒以职责之权查出张汝舟犯有严重舞弊罪行，且劣迹斑斑。李清照决定通过状告张汝舟违法而结束这段婚姻。然而宋朝法律规定，女子告丈夫属于犯上，即使坐实丈夫之罪，妻子也要坐牢两年。所以，许多女子不敢告夫。而李清照宁愿坐牢也要状告张汝舟。结果，此案经宋高宗亲自审理，张汝舟被革职流放，婚姻解除，李清照入狱九天就无罪获释，结束了这场百日再婚磨难。这一年她四十九岁。

## 诗　叙

随弟护驾逃风尘，身体渐损常呻吟。
每每揽镜顾憔悴，日日惊破凄凉心。
如今文物剩无几，辗转奔波无精神。
李迒本分尽职责，护驾有功高宗欣。
元祐忠臣荣誉冠，擢升一级沐君恩。
受奖本应欢乐庆，却又一事教天阴。
绍兴二年到临安，四十九岁病缠身，
早已失去生活欲，倒有婚事找上门：
来者名叫张汝舟，右承奉郎阳翟人[1]。
诸军审计为属吏，军中小官实权臣。
自道崇拜赵明诚，仰慕清照敬如神。
清照本自身心疲，多病焉有再嫁心。

张公再来换计策，一件东西摆上桌[2]：
清照一看官文书，吓得浑身直哆嗦，
正是“玉壶颁金”事，当时诬告引风波。
姐弟倾家献铜器，未入国库让人夺。
战事连连皇帝忙，此事搁置暂不说。
如果旧事再重提，满门命运将如何[3]！
李迒刚刚受嘉奖，壮年前途奏凯歌。
明诚哀荣遭牵累，无颜九泉见公婆。
已近半百病缠身，风烛残年心淡泊。
或许上天赐福来，兵荒马乱教依托。
清照如若有人护，弟弟必减事亲责。
或许此人如所誓，“玉壶颁金”永不说。

李迒正在腾达时，前途无羁好蓬勃。
姐弟二人神无主，无奈之下受胁迫。
舍己一人换众安，含泪背弃明诚诺。

清照答应张公欢，婚期定在六月间。
张公转头备婚礼，清照日日泪洗颜。
一阕《添字采桑子》，道尽才女愁绵绵[④]：
窗前谁把芭蕉种？郁郁遮阴满中庭。
片片长叶嫩嫩心，心叶舒卷有余情。
伤心枕上三更雨，滴滴答答永不停。
雨打芭蕉愁无眠，北人不惯听此声。

绍兴二年六月天，张公偿愿放炮鞭[⑤]。
刚把清照娶进门，就对嫁妆垂长涎。
翻箱倒柜找古董，只有残零书画篇。
原想霸占几车宝，成为巨富步登天。
不料娶来老才女，传说宝藏都不见。
一改花言巧语面，恐吓威逼交古砚。
清照一看呼上当，假说爱慕实图钱。
后悔自己太真纯，信他如簧似锦言。
如今只有守冰心，冷对小人丑嘴脸。
静看张公软硬施，不惧淫威不就范。
无赖匪人拳脚加，目无法纪心卑贱。
清照重病不胜虐，仅余喘息命一线[⑥]。
李迒毅然阻恶魔，拉走姐姐保安全。
恰又深得高宗信，留在身边赋特权：
朝中官员获任命，李迒审核兼备案[⑦]。
北宋祖传有法制，官员升职严规范[⑧]：

推举之主必足量，郑重担保并举荐。
如若官员出问题，举主受罚遭牵连。
包拯误荐卢士安，曾贬池州做小官。
可见朝廷重此法，绝无包庇不拖延。
李迒细查张汝舟，升官舞弊劣迹斑[9]：
张氏外任转京官，呈报举主是虚员。
严重舞弊欺君罪，一状告倒无悬念。
然而宋法又一律，女子有权多不敢[10]：
女子如若告丈夫，属于犯上地告天。
即使坐实丈夫罪，妻子牢狱必两年。
孤傲清高李清照，敢作敢为焉比凡。
宁肯两年囹圄苦，也要跳出恶魔潭。
一纸诉状告张公，朝野舆论顿哗然。
此案直关皇上意，清照才女震文坛，
宰相儿媳名臣妻，此案棘手谁敢沾！
张公冷笑放狠话：休想离婚躲清闲！
衰老孤苦心已碎，怎堪风雨再摧残。
明诚表兄綦崇礼，保驾高宗患难间[11]。
如今伴君威信重，清照请求救危艰。
兵部侍郎一纸状，竟教皇帝变龙颜。
要为清照主公道，高宗判案明镜悬：
下诏除名张汝舟，流放柳州惩恶蛮。
解除婚姻救清照，狱中受苦仅九天。
感恩崇礼济苦海，看破世事表真言[12]：
誓当布衣蔬食活，温故知新识忠奸。
三薰三沐归畎亩，一瓶一钵见江山。
自信能止无根谤，不怕熙熙众口谈。
三十四年忧患多，细想都在常理间[13]：

自然有有必有无，想必有聚必有散。
有人亡弓有人得，何必悠悠怀愁怨。
上天怨我资菲薄，夺走金石归众贤？
或是明诚爱金石，自取不让留人间？
金石本自散集来，再撒散处何不甘？
从此不再患金石，青灯黄卷亦坦然。

噩梦婚姻虽百天，毁誉清照近千年。
人云再嫁失忠节，背叛明诚丧妇颜。
试问当时拒张氏，“玉壶颁金”定重翻。
那时明诚哀荣毁，李迒举家亦株连。
清照牺牲个人誉，换得生死俱平安。
何不褒奖弱女勇，纵横历史几人敢？
宋朝再嫁不失节，合法合情合德范。
试看朝野多少人，再嫁理得且心安。
从小丧父母再嫁，认祖归宗范仲淹。
宋朝权臣贾似道，其母嫁过三任男。
更嫁宗室陆游妻，婆婆不容是唐琬。
何以清照再嫁耻，惹得千年人笑谈！
若因告夫获囹圄，应恨张氏品毒奸。
若非告夫逃火海，惨死胜过窦娥冤。
所幸高宗信崇礼，恰逢李迒审核权。
势单力薄罪名重，顺水推舟是上选。
舍身护亲无畏惧，直教须眉刮目看。
再婚不是清照耻，绝世才女誉不减。
告夫不是清照恶，绝地反击最勇敢。
百日噩梦非把柄，只有宵小借机贬。
艰险人生令人痛，强悍内心教人赞。

【注释】

① 来者名叫张汝舟，右承奉郎阳翟人：张汝舟，阳翟人。绍兴元年（1131 年）任职右承奉郎、监诸军审计司。负责检查审核军队粮草、军需供给和军中官员的俸禄待遇等事务，虽官衔品级不高，实权却不小，也属于军中举足轻重之人。当李清照在池阳落脚时，由知州刘子羽安排的住处就在郡守衙门北侧，而那时张汝舟被朝廷派到池阳改编驻军期事务，住地就离赵家府邸不远。传闻赵明诚夫妇带来几船的金石文物和古董，从南门大水埠搬到府邸，整整搬了三天。可见赵氏夫妇所拥资财用价值连城都难比拟。这种消息声动朝野，引起多少贪婪之人垂涎，其中就有张汝舟。

② 张公再来换计策，一件东西摆上桌：张汝舟见李清照没有再嫁之意，这次就使出毒招，他将一份“官文书”摆到李清照面前，她一看，大惊失色，这里面记载的正是前几个月她被人诬告而引发的“玉壶颁金”事件。那件事本来因为李清照已经将家中青铜古物都捐献朝廷，虽然没有真正交给国库而被李将军霸占，但此事也因朝廷忙于战争而不了了之。现在张汝舟特意调取这封“官文书”，就是胁迫李清照答应他的求婚，否则他将旧事重提。

③ 如果旧事再重提，满门命运将如何：李清照姐弟面临艰难抉择。从本心说，李清照根本没有再嫁张汝舟之意；但是，如果不同意张的求婚，他绝对会向朝廷旧事重提，原本已经平静的“玉壶颁金”风波会再度掀起，而且他不会善罢甘休，直至置李清照姐弟于死地。这就太严重了。于是李清照选择了屈服，以自己一人的牺牲换取赵明诚的哀荣不损、李远的前途和全家平安。李清照在《投内翰綦公崇礼启》载：“近因疾病，欲至膏肓，牛蚁不分，灰钉已具。尝药虽存弱弟，应门惟有老兵。既尔苍皇，因成造次。信彼如簧之说，惑兹似锦之言。弟既可欺，持官文

书来辄信；身几欲死，非玉镜架亦安知？”

④ 一阕《添字采桑子》，道尽才女愁绵绵：指李清照词《添字采桑子·芭蕉》：“窗前谁种芭蕉树？阴满中庭。阴满中庭，叶叶心心，舒卷有余情。　　伤心枕上三更雨，点滴霖霪。点滴霖霪，愁损北人，不惯起来听。”

⑤ 绍兴二年六月天，张公偿愿放炮鞭：宋高宗绍兴二年（1132年）六月，张汝舟如愿以偿将李清照娶进门；而李清照却感觉生不如死，强忍泪水仓促完成婚礼，将自己人生悲剧推到了极处。李清照在《投内翰綦公崇礼启》载：“黾勉难言，优柔莫决。呻吟未定，强以同归。”

⑥ 清照重病不胜虐，仅余喘息命一线：李清照在《投内翰綦公崇礼启》载：“身既怀臭之可嫌，惟求脱去；彼素抱璧之将往，决欲杀之。遂肆侵凌，日加殴击，可念刘伶之肋，难胜石勒之拳。”

⑦ 朝中官员获任命，李迒审核兼备案：李迒深受宋高宗重用，任敕局删定官，朝中所有具备一定资历和品级的官员要想顺利任职或升迁，都需要首先经过李迒审核备案，而后才能获得任命。

⑧ 北宋祖传有官制，官员升职严规范：北宋年间，官制严格，官员升职必须有足够数量的举主进行推荐和担保，如果官员出了问题，举主也要受惩罚。宋仁宗至和二年（1055年），名相包拯举荐了柳州军事判官卢士安为凤翔监税，而卢士安因贪赃枉法连累包拯，使包拯从陕西转运使贬为小郡池州知州。可见宋朝对此政策执行之严格。

⑨ 李迒细查张汝舟，升官舞弊劣迹斑：经过细查，李迒发现张汝舟从外任转京官时，所呈报的举主是虚报，这就足以构成欺君之罪。李清照立刻状告张汝舟舞弊之罪，提起诉讼，要求离婚。

⑩ 然而宋法又一律，女子有权多不敢：根据大宋刑法《宋刑统·斗

讼律》规定，如果妻子状告丈夫，“虽得实，徒二年”。认为妻子告丈夫是“地告天”的犯上行为，即使所告罪行属实，妻子也要坐牢二年。因此许多女子不敢走这一步。但李清照孤傲清高，有着男子一般的气概，敢作敢为，纵然要受牢狱之灾，也要跳出张汝舟的魔爪。

⑪ 明诚表兄綦崇礼，保驾高宗患难间：綦崇礼，字叔厚，山东高密人。北宋徽宗政和八年（1118年）进士，历任吏部侍郎、兵部侍郎、宝文阁学士，是当时宋高宗身边的亲信重臣。据《宋史·綦崇礼传》载：“（綦）廉俭寡欲，独覃心辞章，洞晓音律，酒酣气振，长歌慷慨，议论风生，亦一时之英也。”綦崇礼是赵明诚的姑表兄，时任官居三品的翰林学士。他将李清照的状子递到高宗面前，高宗亲自过问，下诏将张汝舟除名，流放柳州。而原本要被关押监狱两年的李清照，只在狱中九天就被无罪释放，解除了与张汝舟的婚姻关系，跳出苦海。

⑫ 感恩崇礼济苦海，看破世事表真言：在李清照《投内翰綦公崇礼启》中，李清照还表达了如下几层意思：其一，对于綦崇礼的援手感恩戴德：“哀怜无告，虽未解骖，感戴鸿恩，如真出己。故兹白首，得免丹书。”“清照敢不省过知惭，扪心识愧。”其二，李清照自己也清楚这件事对她的名声有多大伤害，必然会成为个别人中伤、嘲讽她的由头。即使如此她也不姑息自己，在信中说：“责全责智，已难逃万世之讥；败德败名，何以见中朝之士？虽南山之竹，岂能穷多口之谈；惟智者之言，可以止无根之谤。”其三，李清照发愿这一次重生之后的生活：“誓当布衣蔬食，温故知新。再见江山，依旧一瓶一钵；重归畎亩，更须三沐三薰。”

⑬ 三十四年忧患多，细想都在常理间：据李清照《金石录后序》载：“三十四年之间，忧患得失，何其多也！然有有必有无，有聚必有散，乃理之常；人亡弓，人得之，又胡足道。”经过

百日再婚之难后，李清照的心态与理念大有变化，她似乎看破了人间万事，成败与得失，相聚与别离，这一切都是人世常理，不足为道了。对遗失的文物金石她也放下了心结，这些东西原本就是他们夫妇从各处收集而来，现在又回归各处，也不算什么大不幸了。

# 第二十二章　金华又风波

## 章　序

宋高宗绍兴二年（1132年）九月，李清照结束了与张汝舟的再婚百日磨难之后，在杭州休养了近两年，在弟弟李迒的精心照顾之下，身体逐渐好转。然而，宋高宗绍兴四年（1134年）十月，金军再次进犯杭州，无奈之下她又逃难到金华，投靠赵明诚的妹夫李擢。此时她已经五十一岁。在金华过了一段平静日子后，绍兴五年（1135年）五月，朝廷突然下诏，命她交出《哲宗皇帝实录》，她生怕当年的“玉壶颁金”灾难重演，不敢拿着整个家族的性命与朝廷作对，很快交出此书，才算有惊无险地度过这场风波。之后，她在金华深居简出，平静地度过一段桃源般的岁月。直至绍兴六年（1136年），韩世忠和岳飞逐渐收复失地，李清照才从金华回到杭州。这一年她五十三岁。

## 诗　叙

战火蔓延烧江浙，遍地难民居无所。
清照生死已度外，心系文物四处躲。
拖着病体水陆逃，暂避杭州有着落。
天降再婚百日难，幸得皇帝救水火。
惊魂弗定弟护卫，金军再来杭州迫。
携带文物溯流上，船过严滩浪险恶。

千里漂泊何处定？妹夫李擢救逃客。
绍兴四年居金华，陈氏第中寄萧索[①]。

整理文物心心系，总现明诚殷殷意。
悼亡一阕《孤雁儿》，行行都是凄苦句[②]：
藤床纸帐朝眠起，佳思全无何所许。
沉香断续玉炉寒，情怀如水伴我泣。
惊破梅心春情浓，梅花三弄缠绵曲。
留得弱妇裹凄寒，哀怨绕梁恨不去。
小风疏雨萧萧地，千行苦泪摧无绪。
吹箫人去玉楼空，断肠声里谁同倚。
折得一枝梅花娇，人间天上没人寄。
冷火残灯映旧箧，尘窗孤帐芜闺闭。
千年悼亡词中冠，字字哀婉真情叙。

遥望故乡斗吴钩，江南城春尚轻柔。
自叹伊人影杳杳，佳人迟暮倩谁留？
一阕小词《武陵春》，唱醉千年恩爱俦[③]：
风住尘香花已尽，日高依旧懒梳头。
物是人非事事休，向人欲语泪先流。
闻说双溪春尚好，也拟游览泛轻舟。
只恐双溪舴艋舟，载不动奴许多愁。

金华静谧远铁马，江南山水美如画。
稻米蚕桑抚病痛，轻风细雨慰孤寡。
清照提笔写小词，情诉《摊破浣溪沙》[④]：
病起萧萧两鬓华，卧看残月上窗纱。
豆蔻连梢煎熟水，珍惜药理莫分茶。

枕上诗书闲处好，门前风景雨来佳。
终日向人多酝藉，唯有庭院木犀花。

绍兴五年五月天，秀丽金华隐祸端。
名动天下李才女，又被参奏高宗前[⑤]：
《哲宗皇帝实录》书，原本明诚购民间。
珍藏多年少人知，如今帝诏令进献。
一道诏令金华府，清照惊出一身汗。
原想避世远纷争，不料深山有人念。
怕复“玉壶颁金”辙，急忙双手把书献。
回望床下金石少，战战兢兢渡风险。
孤身常遇百丈渊，弱躯扛起千般难。
圣贤文字初何罪，饮马江河都是泪。
国破家亡烽烟续，星河不转乾坤碎。
重重灾难任揉搓，纵然铁汉也崩溃。

金华静谧犹桃源，抚病疗伤神渐闲。
置身市井亲百姓，也与乡绅拥炉谈。
重拾打马赌博戏，画图作赋教侄男[⑥]。
赤松宫前游历来，《夜发严滩》抒诗怀[⑦]：
巨舰只缘因利往，扁舟亦是为名来。
往来有愧先生德，特地通宵过钓台。
诗中贤士严子陵，钓台隐居拒名财。
可叹今人逐名利，蝇营狗苟实感哀。
登上金华《八咏楼》，半壁江山处处忧[⑧]：
挥笔题诗留佳句，睥睨群雄压王侯：
千古风流八咏楼，江山留与后人愁。
水通南国三千里，气压江城十四州。

绍兴三年士气昂，精忠岳飞战功扬。
高宗派臣探二帝，可怜徽钦囚北疆[9]。
清照上诗二使臣，看透敌人要提防[10]：
夷虏从来性虎狼，不虞预备庸何伤。
衷甲昔时闻楚幕，乘城前日记平凉。
清照反对与金盟，爱国坚定思路清：
但说帝心怜赤子，须知天意念苍生，
圣君大信明如日，长乱何须在屡盟。
想见皇华过二京，壶浆夹道万人迎。
连昌宫里桃应在，华萼楼前鹊定惊。
清照女流有傲骨，血气不输男儿妒。
子孙南渡今几年，漂泊遂与流人伍。
欲将血泪寄山河，去洒东山一抔土。
眼看南宋朝廷昏，清照失望悲人民：
南渡衣冠少王导，北来消息欠刘琨。
清照常把徽钦怜，讥讽南宋守偏安：
南来尚怯吴江冷，北狩应悲易水寒。
刚劲气质激越调，清照诗作百姓传。
唤醒英雄抗金梦，提倡斗争价值观。

**【注释】**

① 绍兴四年居金华，陈氏第中寄萧索：宋高宗绍兴四年（1134年）秋天，金军再次进犯杭州，清照只能投靠赵明诚妹夫李擢，逃难到金华，寄居于陈氏第。据李清照《打马图序》载：“今年冬十月朔，闻淮上警报，江浙之人，自东走西，自南走北。居山林者，谋入城市；居城市者，谋入山林。傍午络绎，莫卜所之。易安居士亦自临安溯流，涉严滩之陷，抵金华，卜居陈氏第。”

② 悼亡一阕《孤雁儿》，行行都是凄苦句：指李清照词《孤雁儿（并序）》。序曰："世人作梅词，下笔便俗；予试作一篇，乃知前言不妄耳。"词曰："藤床纸帐朝眠起，说不尽、无佳思。沉香断续玉炉寒，伴我情怀如水。笛声三弄，梅心惊破，多少春情意。　　小风疏雨萧萧地，又催下、千行泪。吹箫人去玉楼空，肠断与谁同倚。一枝折得，人间天上，没个人堪寄。"

③ 一阕小词《武陵春》，唱醉千年恩爱俦：指李清照词《武陵春》："风住尘香花已尽，日晚倦梳头。物是人非事事休，欲语泪先流。　　闻说双溪春尚好，也拟泛轻舟。只恐双溪舴艋舟，载不动、许多愁。"

④ 清照提笔写小词，情诉《摊破浣溪沙》：指李清照词《摊破浣溪沙》："病起萧萧两鬓华，卧看残月上窗纱。豆蔻连梢煎熟水，莫分茶。　　枕上诗书闲处好，门前风景雨来佳。终日向人多酝藉，木犀花。"

⑤ 名动天下李才女，又被参奏高宗前：宋高宗绍兴五年（1135年）五月，李清照突然接到了朝廷诏令，命她交出收藏的《哲宗皇帝实录》，朝廷不是购买，是直接索取。按照宋朝法律，民间百姓私藏国朝正史属于犯罪。为了控制舆论，所有关于皇帝的实录都被视作机密文件。赵明诚是从民间之人手中购得该书的，原本很少人知道，但在他去世之后，还是被别有用心的人举报了。刚刚得到片刻安宁的李清照此刻已经明白，朝廷之中还是有人不肯放过她。与当年"玉壶颁金"事件一样，李清照不敢拿着整个家族的性命对抗朝廷，于是尽快交出了《哲宗皇帝实录》，这次风波才算有惊无险地度过。据《宋会要辑稿》载："（绍兴五年）五月三日，诏令婺州取索故直龙图阁赵明诚家藏《哲宗皇帝实录》缴进。"在有关宋朝的《文献通考》中也有记载："国朝正史与实录等书，人间私藏，具有法禁。"

⑥ 重拾打马赌博戏，画图作赋教侄男：相对其他国土战火蔓延、

满目疮痍来说，金华这座江南古城犹如世外桃源般的安宁，这份安宁抚慰着李清照伤痕累累的心灵。她开始与市井百姓来往，与乡绅学究拥炉煮茶、谈诗论文。同时，过去曾经爱好的打马游戏又回到了生活中，还“使儿辈图之”，她专门写了《打马图经》和《打马赋》。在《打马图经序》中她写道：“自南渡来流离迁徙，尽散博具，故罕为之，然实未尝忘于胸中也……乍释舟楫而见轩窗，意颇适然。更长烛明，奈此良夜乎。于是乎博弈之事讲矣……不独施之博徒，实足贻诸好事。使千万世后，知命辞打马，始自易安居士也。”她还在《打马赋》中借题发挥，引用大量名臣良将典故，状写金戈铁马、挥师疆场的气势，以反讽谴责当朝的无能。文末直抒胸臆，表白自己暮年之千里宏志，一幅女中豪杰形象跃然纸上：“木兰横戈好女子，老矣谁能志千里，但愿相将过淮水。”

⑦ 赤松宫前游历来，《夜发严滩》抒诗怀：在金华，李清照心情渐好，多次去金华山赤松宫、严子陵钓台游览，并题诗明志。其诗《夜发严滩》云：“巨舰只缘因利往，扁舟亦是为名来。往来有愧先生德，特地通宵过钓台。”

⑧ 登上金华《八咏楼》，半壁江山处处忧：李清照《题八咏楼》诗云：“千古风流八咏楼，江山留与后人愁。水通南国三千里，气压江城十四州。”

⑨ 高宗派臣探二帝，可怜徽钦囚北疆：宋高宗绍兴三年（1133年），高宗一边召见岳飞，亲书“精忠岳飞”四字以褒奖，并赏赐金带器甲战袍等，令其抗金；一边又派同签枢密院事韩肖胄为使臣、工部尚书胡松年为副使，代表宋朝与金国议和，同时探望被囚禁的徽宗、钦宗二帝。宋徽宗于绍兴五年（1135年）四月卒于金国，遗言想归葬内地，金主不许。

⑩ 清照上诗二使臣，看透敌人要提防：绍兴三年（1133年），宋高宗派同签枢密院事韩肖胄为使臣、工部尚书胡松年为副使，

代表宋朝与金国议和时，李清照写《上枢密韩公、工部尚书胡公》诗二首，指出敌人的掠夺本性：“夷虏从来性虎狼，不虞预备庸何伤。衷甲昔时闻楚幕，乘城前日记平凉。”她反对与敌人订立盟约，表现出极其清醒的政治态度：“但说帝心怜赤子，须知天意念苍生。圣君大信明如日，长乱何须在屡盟。”她想象着北方人民与那里的宫殿、乌鹊也都希望光复：“想见皇华过二京，壶浆夹道万人迎。连昌宫里桃应在，华萼楼前鹊定惊。”她恨不得将自己一腔热血都洒在战场上以求得山河完整：“子孙南渡今几年，漂泊遂与流人伍。欲将血泪寄山河，去洒东山一抔土。”

# 第二十三章　血泪《金石录》

## 章　序

宋高宗绍兴六年（1136年），韩世忠在楚州（今江苏淮安）击败金军，岳飞收复襄阳、长水（今河南洛宁）、蔡州（今河南汝南）。这一年李清照从金华回到杭州，时年五十三岁。此时，她又开始整理校勘《金石录》，直至绍兴二十一年（1151年）她六十八岁时编撰完成，李清照将凝聚了他们夫妇数十年心血的巨著《金石录》献给朝廷，获得朝野交口称赞，也为后世留下宝贵财富。这一年她六十八岁。

## 诗　叙

绍兴六年凯歌奏，收复襄阳夺楚州。
举国上下欢如狂，南宋子民有盼头。
五十三岁李清照，辞别金华回杭州。
余杭门外西马塍，傍居花市度春秋。
从此结束漂泊日，《金石录》中血汗流。

寄居他乡乡愁盛，独守空闺闺房冷。
声声呼唤声声凄，日日咀嚼日日痛。
承载沉沉情与爱，且把文字融生命。
几十年间血与汗，《金石录》业夫妻共。

明诚初稿有妻助，清照校勘唯青灯。
字里似闻当年笑，行间犹如见明诚。
两耳只听金石语，一笔仅于纸上骋。
风雨摧老蹒跚步，日月改颜霜发零。
含辛茹苦十几载，于无声处响雷惊。
绍兴二十一年时，《金石录》业功告成[①]。
毕生血汗化巨著，直教作者泪如倾。
此年清照六十八，诚将硕果献朝廷。
一时朝野交口赞，留得生前身后名。
此书功德润后世，金石文化有传承。
其间立春皇宫宴，贵妃特把清照请。
又逢端午妃封后，再邀清照宴会宫。
朝廷感念李清照，大公无私高洁风。

《金石录》书编撰成，清照有意远纷争。
隐居异乡听异音，常思旧井怀旧声。
忍辱负重践遗愿，无愧九泉对明诚。

**【注释】**

① 绍兴二十一年时，《金石录》业功告成：据王仲闻《李清照集校注》载，绍兴十九年（1149年）四月至二十一年正月（米友仁去世）之间，李清照以六十七八岁高龄两次造访米友仁，求其为父米芾之画作跋。又据荣斌《李清照研究论稿及其他》载，绍兴二十年（1150年），李清照六十七岁，为《金石录·汉巴铁官量铭》加注，注云："此盆色类丹砂……余绍兴庚午岁亲见之，今在巫山县治。韩晖仲云。"故此判断，在绍兴二十一年(1151年)正月之前，《金石录》尚未封笔。李清照向朝廷进献《金石录》的时间最早应该在绍兴二十一年，即其六十八岁之时。

# 第二十四章 粲然梅花落

## 章 序

自从绍兴二十一年（1151年）李清照六十八岁时将《金石录》献给朝廷之后，她就有意淡出公众视野，隐居于花市之旁，嗅着眼前的花香，嚼着过往的岁月，默默地生活着。这之后的一个元宵节，李清照拒绝了香车宝马的召唤，一个人独守窗前听人笑语，写出了著名的《永遇乐·元宵》。绍兴二十五年（1155年）这一年，李清照七十二岁，她曾向孙氏女提出召为徒、传其学的诉求，但孙氏女"谢不可"（宋陆游《渭南文集》卷三十五）。之后人们就再也找不到关于李清照的行迹了。故学界判断，李清照卒年当在绍兴二十六年（1156年）之后，享年至少七十三岁。

## 诗 叙

偏安南宋景虽奇，奈何清照蹒跚居。
十五元宵最热闹，烟火高跷猜灯谜。
《永遇乐》中写佳节，茕茕孤影诉心绪[①]：
落日镕金映水灿，晶莹融入暮云璧。
眼前美景人何处？凭栏高楼无同倚。
哀怨吹尽梅花落，夜幕染柳烟遮蔽。
元宵天气虽融合，却怕次第有风雨。
宝马香车来相召，谢却酒朋并诗侣。

尝记汴京繁盛日，元宵闺门最欢喜。
铺翠冠儿捻金柳，头上簪满珠玑玉。
气度雍容比盛装，神采飞扬竞俏丽。
青春韶华恍如昨，如今憔悴不忍觑。
风鬟霜鬓慵梳洗，更怕夜间出门去。
坐守孤灯家寂寂，帘儿底下听笑语。
故乡遥遥何处是？欲忘除非在醉里。
旧时天气旧时衣，唯有情怀非旧意。
常坐窗前茹寂寞，少于应酬懒游历。
西湖古贤诗多少，不见易安留半句。
绍兴二十五年后，再无易安茕茕迹。
七十三岁销香魂，粲然梅花悄悄去。

谁信易安已长眠？词韵唱来千百年：
冬天雪里踏梅影，雨摧红瘦惜春颜。
南国芭蕉滴香泪，北疆黄菊醉篱前。
青梅嗅娇百代女，人杰鼓舞千朝男。
捻花成诗羞须眉，咳唾化珠缀词篇。
妆点易安舴艋舟，化作今日飞天船。
欲问易安归何处？梅韵菊香诗词间。

**【注释】**

① 《永遇乐》中写佳节，茕茕孤影诉心绪：指李清照词《永遇乐·元宵》："落日镕金，暮云合璧，人在何处。染柳烟浓，吹梅笛怨，春意知几许。元宵佳节，融和天气，次第岂无风雨。来相召、香车宝马，谢他酒朋诗侣。　　中州盛日，闺门多暇，记得偏重三五。铺翠冠儿，捻金雪柳，簇带争济楚。如今憔悴，风鬟霜鬓，怕见夜间出去。不如向、帘儿底下，听人笑语。"

附一

# 金石录后序

◎李清照

右《金石录》三十卷者何？赵侯德父所著书也。取上自三代，下迄五季，钟、鼎、甗、鬲、盘、匜、尊、敦之款识，丰碑大碣、显人晦士之事迹，凡见于金石刻者二千卷，皆是正讹谬，去取褒贬，上足以合圣人之道，下足以订史氏之失者皆载之，可谓多矣。呜呼！自王播、元载之祸，书画与胡椒无异；长舆、元凯之病，钱癖与传癖何殊。名虽不同，其惑一也。

余建中辛巳始归赵氏，时先君作礼部员外郎，丞相时作吏部侍郎，侯年二十一，在太学作学生。赵、李族寒，素贫俭。每朔望谒告出，质衣取半千钱，步入相国寺，市碑文、果实归，相对展玩咀嚼，自谓葛天氏之民也。后二年，出仕宦，便有饭蔬衣练、穷遐方绝域、尽天下古文奇字之志。日就月将，渐益堆积。丞相居政府，亲旧或在馆阁，多有亡诗逸史、鲁壁汲冢所未见之书，遂尽力传写，浸觉有味，不能自已。后或见古今名人书画，三代奇器，亦复脱衣市易。尝记崇宁间，有人持徐熙《牡丹图》求钱二十万。当时虽贵家子弟，求二十万钱，岂易得耶？留信宿，计无所出而还之。夫妇相向惋怅者数日。

后屏居乡里十年，仰取俯拾，衣食有余。连守两郡，竭其俸入，以事铅椠。每获一书，即同共勘校，整集签题。得书画、彝鼎，亦摩玩舒卷，指摘疵病，夜尽一烛为率。故能纸札精致，字画完整，冠诸收书家。余性偶强记，每饭罢，坐归来堂烹茶，指堆积书史，言某事在某书某卷第几叶第几行，以中否角胜负，为饮茶先后。中即举杯大笑，至茶倾覆怀中，反不得饮而起。甘心老是乡矣，故虽处忧患困穷而志不屈。

收书既成，归来堂起书库，大橱，簿甲乙，置书册。如要讲读，即请钥上簿关出。卷帙或少损污，必惩责揩完涂改，不复向时之坦夷也。是欲求适意而反取憀慄。余性不耐，始谋食去重肉，衣去重采，首无明珠翠羽之饰，室无涂金刺绣之具，遇书史百家字不刓缺、本不讹谬者，辄市之储作副本。自来家传《周易》、《左氏传》，故两家者流文字最备。于是几案罗列，枕席枕藉，意会心谋，目往神授，乐在声色狗马之上。

至靖康丙午岁，侯守淄州，闻金人犯京师，四顾茫然，盈箱溢箧，且恋恋，且怅怅，知其必不为己物矣。建炎丁未春三月，奔太夫人丧南来，既长物不能尽载，乃先去书之重大印本者，又去画之多幅者，又去古器之无款识者，后又去书之监本者，画之平常者，器之重大者，凡屡减去，尚载书十五车。至东海，连舻渡淮，又渡江，至建康。青州故第尚锁书册什物，用屋十余间，期明年春，再具舟载之。十二月，金人陷青州，凡所谓十余屋者，已皆为煨烬矣。

建炎戊申秋九月，侯起复知建康府。己酉春三月罢，具舟上芜湖，入姑孰，将卜居赣水上。夏五月，至池阳。被旨知湖州，过阙上殿，遂驻家池阳，独赴召。六月十三日，始负担，舍舟坐岸上，葛衣岸巾，精神如虎，目光烂烂射人，望舟中告别。余意甚恶，呼曰："如传闻城中缓急，奈何？"戟手遥应曰："从众。必不得已，先去辎重，次衣被，次书册卷轴，次古器，独所谓宗器者，可自负抱，与身俱存亡，勿忘也。"遂驰马去。途中奔驰，冒大暑，感疾，至行在，病痁。七月末，书报卧病。余惊怛，念侯性素急，奈何。病痁或热，必服寒药，疾可忧。遂解舟下，一日夜行三百里。比至，果大服柴胡、黄芩药，疟且痢，病危在膏肓。余悲泣，仓皇不忍问后事。八月十八日，遂不起。取笔作诗，绝笔而终，殊无分香卖履之意。

葬毕，余无所之。朝廷已分遣六宫，又传江当禁渡。时犹有书二万卷，金石刻二千卷，器皿、茵褥可待百客，他长物称是。余又大病，仅存喘息。事势日迫，念侯有妹婿任兵部侍郎从卫在洪州，遂遣二故吏先部送行李往投之。冬十二月，金人陷洪州，遂尽委弃，所谓连舻渡江之书，又散为云烟矣。独余少轻小卷轴书帖，写本李、杜、韩、柳集，《世说》《盐铁论》，汉、唐石刻副本数十轴，三代鼎、鼐十数事，南唐写本书数箧，偶病中把玩，搬在卧内者，岿然独存。

上江既不可往，又虏势叵测，有弟迒任敕局删定官，遂往依之。到台，台守已遁。之剡，出陆，又弃衣被，走黄岩，雇舟入海，奔行朝。时驻跸章安。从御舟海道之温，又之越。庚戌十二月，放散百官，遂之衢。绍兴辛亥春三月，复赴越。壬子，又赴杭。先侯疾亟时，有张飞卿学士，携玉壶过视侯，便携去，其实珉也。不知何人传道，遂妄言有“颁金”之语。或传亦有密论列者。余大惶怖，不敢言，亦不敢遂已，尽将家中所有铜器等物，欲赴外廷投进。到越，已移幸四明。不敢留家中，并写本书寄剡。后官军收叛卒，取去，闻尽入故李将军家。所谓岿然独存者，无虑十去五六矣。惟有书画砚墨可五七簏，更不忍置他所，常在卧榻下，手自开阖。在会稽，卜居土民钟氏舍，忽一夕，穴壁负五簏去。余悲恸不得活，重立赏收赎。后二日，邻人钟复皓出十八轴求赏，故知其盗不远矣。万计求之，其余遂牢不可出。今知尽为吴说运使贱价得之。所谓岿然独存者，乃十去其七八。所有一二残零，不成部帙书册，三数种平平书帖，犹复爱惜如护头目，何愚也耶！

今日忽阅此书，如见故人。因忆侯在东莱静治堂，装卷初就，芸签缥带，束十卷作一帙。每日晚，吏散，辄校勘二卷，跋题一卷。此二千卷，有题跋者五百二卷耳。今手泽如新，而墓木已拱，悲夫！昔萧绎江陵陷没，不惜国亡而毁裂书画；杨广江都倾覆，不悲身死而复取图书，岂人性之所著，生死不能忘欤？或者天意以余菲薄，不足以享此尤物耶？抑亦死者有知，犹斤斤爱惜，不肯留人间耶？何得之艰而失之易也！

呜呼！余自少陆机作赋之二年，至过蘧瑗知非之两岁，三十四年之间，忧患得失，何其多也！然有有必有无，有聚必有散，乃理之常；人亡弓，人得之，又胡足道？所以区区记其终始者，亦欲为后世好古博雅者之戒云。

绍兴二年玄黓岁壮月朔甲寅，易安室题。

附二

# 词　论

◎李清照

乐府声诗并著，最盛于唐。开元天宝间，有李八郎者，能歌擅天下。时新及第进士开宴曲江，榜中一名士先召李，使易服隐姓名，衣冠故敝，精神惨怛，与同之宴所。曰："表弟愿与座末。"众皆不顾。既酒行，乐作，歌者进，时曹元谦、念奴为冠。歌罢，众皆咨嗟称赏。名士忽指李曰："请表弟歌。"众皆哂，或有怒者。及转喉发声，歌一曲，众皆泣下，罗拜曰："此李八郎也。"自后郑、卫之声日炽，流靡之变日烦，已有《菩萨蛮》《春光好》《莎鸡子》《更漏子》《浣溪沙》《梦江南》《渔父》等词，不可遍举。五代干戈，四海瓜分豆剖，斯文道熄。独江南李氏君臣尚文雅，故有"小楼吹彻玉笙寒""吹皱一池春水"之词。语虽奇甚，所谓"亡国之音哀以思"也。

逮至本朝，礼乐文武大备。又涵养百余年，始有柳屯田永者，变旧声作新声，出《乐章集》，大得声称于世。虽协音律，而词语尘下。又有张子野、宋子京兄弟、沈唐、元绛、晁次膺辈继出，虽时时有妙语，而破碎何足名家。至晏元献、欧阳永叔、苏子瞻，学际天人，作为小歌词，直如酌蠡水于大海，然皆句读不葺之诗尔。又往往不协音律者何耶？盖诗文分平侧，而歌词分五音，又分五声，又分六律，又分清浊轻重。且如近世所谓《声声慢》《雨中花》《喜迁莺》，既押平声韵，又押入声韵。《玉楼春》本押平声韵，又押上去声，又押入声。本押仄声韵，如押上声则协，如押入声，则不可歌矣。王介甫、曾子固文章似西汉，若作一小歌词，则人必绝倒，不可读也。乃知词别是一家，知之者少。后晏叔原、贺方回、秦少游、黄鲁直出，始能知之。又晏苦无铺叙；贺苦少典重；秦即专主情致，而少故实，譬如贫家美女，虽极妍丽丰逸，而终乏富贵态；黄即尚故实，而多疵病，譬如良玉有瑕，价自减半矣。

**【辑评】**

宋·胡仔《苕溪渔隐丛话》载："易安历评诸公歌词，皆摘其短，无一免者，此论未公，吾不凭也。其意盖自谓能擅其长，以乐府名家者。退之诗云：'不知群儿愚，那用故谤伤，蚍蜉撼大树，可笑不自量。'正为此辈发也。"

清·裴畅《词苑萃编》载："易安自恃其才，藐视一切，本不足存。第以一妇人能开此大口，其妄不待言，其狂亦不可及也。"

清·方成培《香研居词麈》载："段安节言：'商、角同用，是押上声者，入声亦可押也。'与易安说不同。余尝取柳永《乐章集》按之，其用韵与段说合者半，不合者半，乃知宋词协韵，比唐人较宽。宋大乐以平入配重浊，以上去配清轻，亦与段图不同，大抵宋词工者，唯取韵之抑扬高下与协律者押之，而不拘于四声，其不知律者，则唯求工于词句，并置比而不论矣。"

清·江顺诒《词学集成》载："后之填词，韵有上去通押者，而无平仄同押者，虽与曲有别，究与律无关也。"

下 编

# 抱香吟——格律诗词及谱式

# 第一章　格律谱式和拗救技巧

本章所讲内容，是根据我国著名语言学家、诗人王力先生著作《诗词格律概要　诗词格律十讲》以及其他诗界权威所认可的理论，经过笔者研究总结、整理归纳、完善补充而成。

唐代时，诗分古体和近体两大类。古体诗又称古风，主要有五言和七言，古风在用韵、平仄、对仗、对黏等方面要求相对宽松；近体诗又称格律诗，是基于严格的平仄格律谱式下的创作，对平仄、用韵、对仗、对黏都有严格要求。

本章主要讲格律诗，分为格律谱式运用、变格拗救技巧及格律诗写作特点与古风、词、自由体诗对比等三节阐述。

## 第一节　格律谱式常识及其运用

格律诗分绝句和律诗。绝句又分五言绝句和七言绝句，简称五绝和七绝；律诗又分五言律诗和七言律诗，简称五律和七律。总之，格律诗共四种形式：五绝、五律、七绝、七律。

五绝是每句五字，共两联四句二十字；五律是每句五字，共四联八句四十字；七绝是每句七字，共两联四句二十八字；七律是每句七字，共四联八句五十六字。

这四种绝律，每一种都有自己的四套平仄格式，共十六套，各不相同，看起来变化多样，让人眼花撩乱，实际上都是由最简单的五绝基本式变化而来，掌握了其中的变化规律，无论绝句与律诗，全部格式便可迎刃而解、信手拈来。

本节分为平仄格式符号含义、格律诗术语、平仄格式变化规律、平仄格式记忆技巧等四部分讲解。

## 一、平仄格式符号含义

在传统格律符号基础上加以完善后，作者在本书平仄格式中统一使用如下四种符号，且绝律和词中的标志意义相同。

为了方便各种符号解释，下面以五绝一式为模板，展示一款包含两个正常标志符号和全部四个拗救在内的平仄格式：

Ⓧ仄平平仄，平平仄仄平。

㊣平平仄仄，Ⓧ仄仄平平。

1. “○”，这是圈的标志，凡是圈内的平仄，标志着在格律理论上规定此处是平或仄，但实际创作时可平可仄。

2. “△”，这是空三角标志，只用在韵脚字下面，标志此处必须押韵。

3. “·”这是实心小圆点，用在变格的拗字下面，标志此字该平用了仄或该仄用了平。

4. “◉”，圈中有个实心圆点，用在执行拗救的仄声字下面，标志此字该仄用平，为拗救处。

比如，“Ⓧ仄平平仄仄平”这一句的首字可平可仄；尾字押韵；第三字该平用仄，变了格，拗了；第五字该仄用平，救了第三字，即拗救。

5. “某起某收式”“某某脚”：是指首句格式，首句首字的平仄叫起，尾字的平仄叫收，首句最后两字的平仄叫脚。比如第一句“Ⓧ仄平平仄”，即仄起仄收，平仄脚。这种标志的意义是，只要知道了首句起、收、脚三个字的平仄，就能推定整首诗的平仄格式。

比如首句是“平起仄收”“平仄脚”，这就肯定是七言第一句“平平(仄)仄平平仄”，也就确定全诗平仄格式是七言一式，可以是七绝一式，也可以是七律一式。

为什么能够依据“起、收、脚”的平仄快速确定属于哪一套平仄格式呢？诀窍在：第一，确定句子。四个基本句式中，同样编号的句子，首两字会因为五言和七言而不同，但尾字永远不变，而仄尾句只有第一、三两个句子，平尾句只有第二、四两个句子，这两组句子尽管尾字相同，但倒数第二字又不同，为了确定“一脚到位”，“脚”必由两字组成。上例中的“平仄脚”肯定是第一句。因为第三句尽管仄尾，却是“仄仄脚”。第二，确定五言还是七言。五言和七言的第一句都是“平仄脚”，但五言第一句是“仄起”，即“(仄)仄平平仄”，而七言第一句是“平起”，即“平平(仄)仄平平仄”。这便立刻锁定“平起仄收”“平仄脚”就是七言一式，包括七绝和七律，二者只在句子数量多少不同而已。

## 二、格律诗术语

### （一）四联的称谓

1.绝句有两联，上联叫首联，下联叫尾联。包括五绝和七绝。

2.律诗有四联，第一联叫首联，第二联叫颔联，第三联叫颈联，第四联叫尾联。包括五律和七律。

3.每两句为一联，每一联的前一句叫出句，后一句叫对句。

### （二）对和黏

格律诗的同一联中，出句和对句的平仄相反，即相对立，叫“对”；上联对句的第二字（七言包括第四字）和下联出句相应位的平仄相同，叫“黏”。不合对、黏规律的叫“失对”“失黏”。

对和黏是绝句、律诗和长律的原则性规定。因此，按照对黏规则，只要知道首句第二字的平仄，全诗平仄即可推知。

比如：平平仄仄平平仄，仄仄平平仄仄平。

仄仄平平平仄仄，平平仄仄仄平平。

上联中出句首两字“平平”与对句首两字“仄仄”相反，后面对应字平仄都相反，这就是“对”。如果用“平平仄仄仄平平”做上联对句，那么，前四字的平仄都相同，这就是“失对”。

可见，在格律诗中，除了因二式和四式首句变化使得这两套格式的首联由第二、四句组成外，其他一式和三式及以下的所有联都必须是第一与二句、第三与四句组合成联，不得错位。这就是“对”的要求。

再看“黏”，上联对句五言第二字，七言第二、四字与下联出句相应位的平仄相同，如上例中的上联对句“仄仄平平仄仄平”与下联出句“仄仄平平平仄仄”的第二、四字平仄相同。

（三）律句

按照格律诗的平仄格式写出的诗句就叫律句，亦即每个字的平仄都符合格律谱式要求。如杜甫《旅夜抒怀》：“名岂文章著，官应老病休。”即符合仄仄平平仄、平平仄仄平的律句格式。

与律句相反的是拗句，拗句是指格律诗中不符合平仄规律的句子，与拗句相连的就是拗救。

关于拗句、拗救问题，下节专题讲述。

## 三、平仄格式变化规律

（一）五绝平仄格式

1. 五绝一式——首句仄起仄收，平仄脚。

仄仄平平仄，平平仄仄平。

平平平仄仄，仄仄仄平平。

这个基本式定名为“五绝一式”。

这个基本式的四个句子，就是全部格律诗的句子。格律诗总共十六套格式、九十六个句子都是由这四句变换而来。所以这四句就是平仄格式的核心。

为方便变换格式，首先为这四句编号“冠名”：上联为一、二句，下联为三、四句。记住，不管以后变换绝句还是律诗、句子的位置怎么移动，这四个句子各自的编号一、二、三、四名称不变。

平仄格式的变化规律是，让这四个句子分别做一次“首领”，即当一次首句，就会变出四种格式：

第一句做“首领”是上面的“五绝一式”，即基本式。

2. 五绝二式——首句仄起平收，平平脚。

变换规则：让第四句取代第一句做首句，其他句子保持基本式不动。

(仄)仄仄平平，平平仄仄平。

(平)平平仄仄，(仄)仄仄平平。

3. 五绝三式——首句平起仄收，仄仄脚。

变换规则：让上下联整体换位，第三句做首句。

(平)平平仄仄，(仄)仄仄平平。

(仄)仄平平仄，平平仄仄平。

4. 五绝四式——首句平起平收，仄平脚。

变换规则：在上下联换位前提下，让第二句取代第三句做首句。

平平仄仄平，(仄)仄仄平平。

(仄)仄平平仄，平平仄仄平。

可以看出，首句这个位置，既允许平声尾句式，也接受仄声尾句式，而第二、四句位置，是韵脚句，所以，在第二、四两句分别做首句时，既能取代第一、三句，还同时占据原来的位置不动，形成宁肯重复出现也不能让一、三句换到韵脚句位置的情况。这就是格律诗的规矩：一是首句可以是仄声尾或平声尾押韵句；二是除首句外，所有出句必是仄声尾；三是所有对句必是平声尾押韵句。

### （二）五律平仄格式

五律相比五绝，只是多出两联成为四联八句。五律平仄格式的形成规律是，前两联与五绝相同，后两联是五绝的一、三式。

1. 五律一式——首句仄起仄收，平仄脚。

变换规则：五绝一式重复一次。

(仄)仄平平仄，平平仄仄平△。
(平)平平仄仄，(仄)仄仄平平△。
(仄)仄平平仄，平平仄仄平△。
(平)平平仄仄，(仄)仄仄平平△。

2. 五律二式——首句仄起平收，平平脚。

变换规则：前两联是五绝二式，后两联是五绝一式。

(仄)仄仄平平△，平平仄仄平△。
(平)平平仄仄，(仄)仄仄平平△。
(仄)仄平平仄，平平仄仄平△。
(平)平平仄仄，(仄)仄仄平平△。

3. 五律三式——首句平起仄收，仄仄脚。

变换规则：五绝三式重复一次。

(平)平平仄仄，(仄)仄仄平平△。
(仄)仄平平仄，平平仄仄平△。
(平)平平仄仄，(仄)仄仄平平△。
(仄)仄平平仄，平平仄仄平△。

4. 五律四式——首句平起平收，仄平脚。

变换规则：前两联是五绝四式，后两联是五绝三式。

平平仄仄平△，(仄)仄仄平平△。
(仄)仄平平仄，平平仄仄平△。
(平)平平仄仄，(仄)仄仄平平△。
(仄)仄平平仄，平平仄仄平△。

（三）七绝平仄格式

七绝各式与五绝相同，只是在五绝每一句前面增加了与句首字相反的两个相同字：

1. 七绝一式——首句平起仄收，平仄脚。

平⃝平仄⃝仄平平仄，仄⃝仄平平仄仄平。

仄⃝仄平⃝平平仄仄，平⃝平仄⃝仄仄平平。

2. 七绝二式——首句平起平收，平平脚。

平⃝平仄⃝仄仄平平，仄⃝仄平平仄仄平。

仄⃝仄平⃝平平仄仄，平⃝平仄⃝仄仄平平。

3. 七绝三式——首句仄起仄收，仄仄脚。

仄⃝仄平⃝平平仄仄，平⃝平仄⃝仄仄平平。

平⃝平仄⃝仄平平仄，仄⃝仄平平仄仄平。

4. 七绝四式——首句仄起平收，仄平脚。

仄⃝仄平平仄仄平，平⃝平仄⃝仄仄平平。

平⃝平仄⃝仄平平仄，仄⃝仄平平仄仄平。

（四）七律平仄格式

七律各式与五律相同，只是在五律每一句前面增加了与句首字相反的两个相同字。

1. 七律一式——首句平起仄收，平仄脚。

平⃝平仄⃝仄平平仄，仄⃝仄平平仄仄平。

仄⃝仄平⃝平平仄仄，平⃝平仄⃝仄仄平平。

平⃝平仄⃝仄平平仄，仄⃝仄平平仄仄平。

仄⃝仄平⃝平平仄仄，平⃝平仄⃝仄仄平平。

2. 七律二式——首句平起平收，平平脚。

平⃝平仄⃝仄仄平平，仄⃝仄平平仄仄平。

仄⃝仄平⃝平平仄仄，平⃝平仄⃝仄仄平平。

平⃝平仄⃝仄平平仄，仄⃝仄平平仄仄平。

仄⃝仄平⃝平平仄仄，平⃝平仄⃝仄仄平平。

3. 七律三式——首句仄起仄收，仄仄脚。

仄仄平平平仄仄，平平仄仄仄平平。

平平仄仄平平仄，仄仄平平仄仄平。

仄仄平平平仄仄，平平仄仄仄平平。

平平仄仄平平仄，仄仄平平仄仄平。

4. 七律四式——首句仄起平收，仄平脚。

仄仄平平仄仄平，平平仄仄仄平平。

平平仄仄平平仄，仄仄平平仄仄平。

仄仄平平平仄仄，平平仄仄仄平平。

平平仄仄平平仄，仄仄平平仄仄平。

通过以上全部格律诗谱式的产生过程阐述，可以得出结论：使用平仄格式并不难，只要记住五绝四句基本式和变化规律，即可运用自如。

## 四、平仄格式记忆技巧

现实中许多人喜欢格律诗，也愿意写格律诗，却为平仄格式所困扰，常常被“平平仄仄、仄仄平平”弄得眼花缭乱、晕头转向。虽然那十六种平仄格式只有平仄两个字、四个句式组成，看似简单，实际不好记、记不好、用不准，容易忘、容易混。为了减轻压力、方便记忆，笔者总结出一套数码格式记忆方法。简单易学，帮你快速走出格律困境。

### （一）出繁入简，将平仄格转换为数码格

在前面阐述“平仄格式变化规律”题目时笔者已经为五绝一式进行了编号“冠名”，变成了如下格式：

| 平仄句式 | 编码序号 | 平仄句式 | 编码序号 |
|---|---|---|---|
| 仄仄平平仄， | 1 | 平平仄仄平。 | 2 |
| 平平平仄仄， | 3 | 仄仄仄平平。 | 4 |

这里的1、2、3、4代表的是固定不变的平仄格句式，也即平仄格句式的数码编号名字，这就是为平仄格句式的“冠名”。无论你写绝句还是律诗，句子的位置怎么移动，这四个句子编号1、2、3、4各自代表的平仄句式是不变的。

如果将平仄格式抽去，就剩下了编码格式，简称数码格。五绝一式数码格等同于五绝一式平仄格，根据平仄格式的变化规律也可以变换出绝句和律诗的全部十六种格式。

有了数码格，就能轻松记住十六种格式，然后在使用时可以快速将数码格转换为平仄格，准确使用。

数码格变换同平仄格变换原则一样，规律是：律诗比绝句多出四句，绝句四句，律诗八句；七言是在五言前面加两个平仄。

下面列出数码格的十六种变换格式：

五绝四种数码格：

| 一式 | 二式 | 三式 | 四式 |
|---|---|---|---|
| 1，2。 | 4，2。 | 3，4。 | 2，4。 |
| 3，4。 | 3，4。 | 1，2。 | 1，2。 |

五律四种数码格：

| 一式 | 二式 | 三式 | 四式 |
|---|---|---|---|
| 1，2。 | 4，2。 | 3，4。 | 2，4。 |
| 3，4。 | 3，4。 | 1，2。 | 1，2。 |
| 1，2。 | 1，2。 | 3，4。 | 3，4。 |
| 3，4。 | 3，4。 | 1，2。 | 1，2。 |

七绝四种数码格：

| 一式 | 二式 | 三式 | 四式 |
|---|---|---|---|
| 1，2。 | 4，2。 | 3，4。 | 2，4。 |
| 3，4。 | 3，4。 | 1，2。 | 1，2。 |

七律四种数码格：

| 一式 | 二式 | 三式 | 四式 |
|---|---|---|---|
| 1，2。 | 4，2。 | 3，4。 | 2，4。 |
| 3，4。 | 3，4。 | 1，2。 | 1，2。 |
| 1，2。 | 1，2。 | 3，4。 | 3，4。 |
| 3，4。 | 3，4。 | 1，2。 | 1，2。 |

这四个数字就变出了十六套格式，简单易记。当你需要写作格律诗时，你可以根据已经在脑海中出现的诗句的平仄去套，看看适合使用哪个句子，便可初步定下使用哪一套格式。

（二）由简化繁，将数码格还原为平仄格

当你需要写作格律诗时，可以迅速将脑海中简单的数码格式还原为平仄格式，再依据平仄填诗，如同填词一样方便快捷。

比如，早上一睁眼看见天气晴朗，心情顿好，不由想用诗抒发这种愉悦情感，脑海中先冒出一句“清晨红日艳”，这就是五绝三式的首句“(平)平平仄仄”，你马上想起五绝三式的数码格：

上联　3，　4。

下联　1，　2。

根据每个数码代表的平仄句式还原出五绝三式平仄格式：

(平)平平仄仄，(仄)仄仄平平。

(仄)仄平平仄，平平仄仄平。

按照此谱式填诗即可。如果语句长，则用七言，如果内容多，则用律诗，可以方便、高效、准确地完成写作。

记忆也是成本。当你用低廉而简约的记忆成本谋取到全面而复杂的结果时，不正是一种经营策略吗？

时间也是生命。当你在最短时间内完成本可能耗费很多时间才能完成的任务时，你自然也就延长了自己的生命长度，谁说不是一种生存智慧呢？

笔者设计的数码格，如果能使格律诗爱好者在创作过程中受益，也算为我们的文化继承增砖添瓦吧。

## 第二节　变格拗救技巧

我国著名语言学家、诗人王力先生在他的《诗词格律概要　诗词格律十讲》一书第六讲《平仄的变格》中写道："平仄的变格相当复杂，我们了解这个，主要是为了欣赏古人的律诗、绝句。至于自己写诗，自然不一定要用变格。"

王力先生说得对，平仄的变格确实有点复杂。但是，再复杂的理论也是我们祖先的创造，是诗词文化的组成部分。而且实践证明，变格拗救竟然是古人在格律诗创作中发明的一件变通工具，一把"金钥匙"。学会了变格拗救，会给你柳暗花明、妙手回春之惊喜。本节分为变格拗救的概念、种类方法和积极意义三个小专题阐述。

### 一、变格拗救的概念

（一）拗句

拗，即不顺，古人把格律诗中不合平仄的句子称为拗句。如崔颢《黄鹤楼》"昔人已乘黄鹤去，此地空余黄鹤楼"，此联正确的平仄格式为"㊣平㊇仄平平仄，㊇仄平平仄仄平"，出句中"鹤"字拗，为大拗，必救，由对句"黄"字救；"乘"字该仄用平，拗，未救，导致出句成为一个拗句。

拗句可分两种：一种是变格拗句，一种是例外拗句。

第一种变格拗句，指个别字虽不符合平仄规定，却是格律诗所允许的，这种拗句叫变格。变格拗句可以通过拗救手段变成合格的句子，可称为“活拗”。

第二种例外拗句，指偶然或任意为之的。所拗之处不属于格律诗规定变格之范围，也没有规定的拗救通道，不可能成为合格的句子，可以称为“呆拗”。

不是所有的拗句都能拗救，“呆拗”就不能拗救。只有符合变格规定的“活拗”才能拗救。

即使是变格规定的拗句，有的也可以不拗救，有的则必须拗救。例如大拗和孤平拗，是必须要救的。

### （二）变格

什么叫变格？格律诗中的变格是相对于常格而言，常格是正常的平仄格式形式，而变格当然就是对常格的改变，该平处用了仄，该仄处用了平，因为是律诗所允许，也可以说变格就是合法的拗句。

变格的最大特点是可以拗救，因此拗救就成为变格的重要组成部分。

### （三）拗救

格律诗中出现了拗句，诗人采取补救的办法，叫拗救。亦即在同一联中，前面该用平声的地方用了仄声，就在后面相应处该用仄声处改用平声，使得平仄格式复归正常，这就是拗救。

“拗”即变格，“救”即纠正，“拗救”二字道尽先变格后补救的全部内容，可谓精练之至。

### （四）拗句、变格、拗救三个概念的关系

1. 用文字表述三个概念的外延关系如下：首先，拗句外延最大，它包括变格拗句（活拗）和例外拗句（呆拗）；其次是变格，变格中的拗句不是都必须拗救，所以变格就包括不用拗救的拗句和必须拗救的拗句；再次是拗救，拗救仅仅适用于变格中四种必须拗救的拗句。

2. 用图表表述拗句、变格、拗救三者关系如下：

- 拗句
  - （呆拗）例外拗句 — 无法拗救（属于瑕疵）
  - 变格拗句（活拗） — 变格
    - 可不救之拗
    - 必救之拗 — 拗救

## 二、变格拗救的种类和方法

格律诗的七言绝律，从平仄格式上与五言绝律相同，仅仅是在句首多出两个字，而这两字的平仄是固定的：第一字皆“可平可仄”，第二字皆不可变格，所以，格律诗的变格拗救，只用研究五言四句基本式即可，这二十字中间的变格拗救就是格律诗的全部变格拗救。

（一）变格种类

1. 基本式首联可以有三个平字拗，一个仄字救，即“仄仄平平仄，平平仄仄平”。第一句两个平声字都可以变格，前平变格称“小拗”，后平变格称“大拗”；第二句前平可以变格，称“孤平拗”；这一联中有三个平声字可以变格，都用第二句倒数第三字的仄字该仄用平补救，即一个仄字同时救本联三个平拗。

2. 尾联第三句只能有一个平字拗，一个仄字救，即“平平平仄仄”。第四句不许拗救。

结论是：共四种变格，存在于三个句子中，只用两个仄字完成拗救，总结为“四三二”。变格拗救的平仄格式如下：

仄仄平平仄，平平仄仄平。

平平平仄仄，仄仄仄平平。

3. 仄拗有一处：第二句倒数第三字仄字位，在不承担本联拗救任务时，自身也可以拗，该仄用平，拗了不用救，也无法救。即“平平仄仄平”。

（二）拗救方法

1. 小拗，指第一句中，五言第三字“仄仄平平仄”、七言第五字“平平仄仄平平仄”，该平用仄，拗了。拗救原则是对句相救，用本联对句相应位五言第三字“平平仄仄平”、七言第五字“仄仄平平仄仄平”该仄用平补救。

有一种说法是“小拗可救可不救”，其实不能一概而论。小拗在五言中必须救，不救就犯了孤平，是律诗之大忌；但在七言中可不救，也不犯孤平。

2. 大拗，指第一句中，五言第四字“仄仄平平仄”、七言第六字“平平仄仄平平仄”，该平用仄，拗了。拗救原则是对句相救，用本联对句相应位之前位五言第三字“平平仄仄平”、七言第五字“仄仄平平仄仄平”该仄用平补救。

之所以称它“大拗”，是因为它处于“二四六分明”的不应该变格的位置，因此大拗必须救，不救就犯了大忌。

3. 孤平拗，指第二句中，五言第一字“平平仄仄平”、七言第三字“仄仄平平仄仄平”，该平用仄，拗了。拗救原则是本句自救，用其后隔一字的仄字位“仄仄平平仄仄平”该仄用平补救。

之所以称它“孤平拗”，是因为无论五言还是七言，该字拗后本句都处于孤平状态，因此必救。

4. 连拗，指第三句中，五言第三字“平平平仄仄”、七言第五字“仄仄平平平仄仄”，该平用仄，拗了。拗救原则是本句自救，用紧挨其后的仄字位“平平平仄仄”该仄用平补救。

因为此处平拗的前提是五言第一字、七言第三字必须为平不变，本来这两处是圈内的平字，享有可平可仄特权，却因为要配合此平拗而必须为平，负了连带责任，因此命名该平拗为“连拗”。

实践中有一种方法是，此处平拗在保证五言第一字、七言第三字为平不变时，也可不救。笔者认为，不救虽不犯孤平，但犯了三仄尾，也不是上策，还是拗救为佳。

5. 第四句，之所以不参与变格，是因为倒数第三字“仄仄仄平平”仄字位如果拗了，就变成了三平脚，这是古风的特点，格律诗严格禁止三平脚。

但在实践中，如果倒数第三字该仄用平，拗了，常常用倒数第二字该平用仄补救，变成“平仄平”，也容易被传统所接受。

## 三、变格拗救的积极意义

### （一）关于变格拗救的解读

1. 写律诗也可以说是填诗。

词有词谱，词人按照词谱写词叫填词。律诗也有平仄格式，按照平仄格式写诗，也应该可以叫“填诗”。变格和拗救就是在填诗过程中使用的修复手段。

2. 变格也是一种写作技巧。

既然变格是改变了常格而为之，那么我们不禁要问：为什么诗人会改变正常的平仄格律去写诗呢？变格是诗人无意间的失误，还是有意而为之呢？笔者认为，变格是诗人有意使用的一种创作手段，是一种写作技巧。因为诗人在写律诗之前首先是要选定所用平仄格式，当你按照选定的平仄格式去填诗时，是对号入座、按平仄字音放进去每一个字的。因此，出现的变格就不可能是无意中犯下的错，而只能是故意为之。也可以说是为了使用你想用之词而有意创造的一个机会，是一种变通的技巧（排除作者误读字音的情况）。

3. 变格的原因。因为是故意“犯错”，必然有必须“犯错”的原因，这里归纳了两种。

第一种原因，该平处找不到合适的平字，却有合适的变格用的仄字，而恰好在此变格相应的拗救处，可以找到该仄而平的拗救字，这样就可以为解决平字难找而故意设置一个变格。因为这种变格的特点是，问题出现在前面平字难找，后面改变仄字去救是为了解决前面的问题，所以称它为“前变格”。

第二种原因，后面的该仄处找不到合适的仄字，却有合适的拗救用的平字，而恰好在此拗救处往前推到相应变格处，可以找到该平而仄的变格字，这样就可以为解决仄字难找而故意设置一个变格。因为这种变格的特点是，问题出现在后面拗救处仄字难找，前面改变平字去变格是为解决后面的问题，所以称它为“后变格”。

后变格的特征是：救，成为出发点；变，成为手段。所以会发现在可救可不救之处，诗人往往要救，因为“救”本身就是目的，而此目的是通过前面的拗来达到的。

无论前变格还是后变格，在拗救之后读者是看不出来的，分出前后只是为格律诗创作者提供了不同的思路而已。

（二）关于变格拗救的评价

为了突出区别，强化特点，加强记忆，笔者用拟人化手法评估一下四种变格与拗救的特色及其得与失。

1. 大拗，指第一句中，五言第四字“仄仄平平仄”、七言第六字“平平仄仄平平仄”的平拗。它最得天顾，受益最大，是四种变格中的宠儿。它本来处在四、六位上，受“二四六分明”的天条所禁锢。现在它不但拗了，还不付任何代价，让对句为它买单，即对句相救，用本联对句相应位之前位五言第三字“平平仄仄平”、七言第五字“仄仄平平仄仄平”该仄用平补救。何其霸道也！

2. 小拗，指第一句中，五言第三字“仄仄平平仄”、七言第五字“平平仄仄平平仄”的平拗。这家伙天生处在三、五的位置上，得天独厚，乘着“一三五不论”的东风，随便地拗、任性地拗，前边拗了，一甩手，让后边的对句为它买单，即对句相救，用本联对句相应位五言第三字“平平仄仄平”、七言第五字“仄仄平平仄仄平”该仄用平补救。何其轻松、何其得意也！

3. 孤平拗，指第二句中，五言第一字“平平仄仄平”、七言第三字“仄仄平平仄仄平”的平拗。它也借着一、三位的优势，完全不顾另一个同伴成为孤平而自顾自地去拗。不过，它没有“对句相救”的幸运，因为它本身就处于对句中，最后救它的还是它自己的手足，即本句自救。虽然自私地拗了一回，结果得失相抵，最终也没占多大便宜。

4. 连拗，指第三句中，五言第三字“平平平仄仄”、七言第五字“仄仄平平平仄仄”。它本来出生在三、五之位，看上去也一派风光。但它命运不好，身后长了两个仄字，就像一道魔咒，把它压在大山之下。所以，它的拗是四种变格中付出代价最大的一个。因为它的拗，使得它之前的五言第一字、七言第三字失去了可平可仄的自由身份，而必须保持平声不变来支持它；同时，又使它身后的仄字位五言第四字、七言第六字，犯着“天条”，冲破“二四六分明”的藩篱去救它；所以说，这个平拗是冒天下之大不韪的拗，是浴火重生的拗，此处必出彩，否则对不住身前身后的同伴。

## 第三节　格律诗与古体诗、词、自由诗特点对比

诗分古体和近体，始于唐代。诗发展到唐代，格律形式已经成熟，格律诗也成为诗词文化的主流。为了区别格律诗的独特，唐代将非格律诗定义为古体诗，而将格律诗定义为近体诗或今体诗。这种以时间的远近来划分诗体的标准，在唐朝当时称刚刚发展成熟的格律诗为近体或今体，无可厚非。但对于一千多年后的我们，近体诗已经淡化了近代的味道，它的最耀眼的光环就是格律特色，所以，称近体诗为格律诗应该具有客观而长远的意义。

为了让诗词爱好者在短时间内了解格律诗的特色与写作要求，以及格律诗与其他体裁的诗、词的区别，作者多方搜集权威理论，总结归纳出下面的一览表，希望对读者起到事半功倍之效果。

### 表 1 格律诗与古体诗、词、自由诗特点异同对比一览表

| 项目 | 格律诗特点 | 古体诗特点 | 词特点 | 自由诗 |
| --- | --- | --- | --- | --- |
| 各体包含种类 | 格律诗分绝句和律诗两大类：绝句又分五绝和七绝；律诗又分五律和七律。 | 古体诗按每句字数主要有五言和七言，另有三言、四言、六言、杂言诗。 | 根据词谱不同，每首词的平仄、字数、行数、押韵都不同，古传上千种。 | 包括新诗和散文诗。 |
| 字数句数 | 有严格规定：绝句四句，律诗八句；五言每句五字，七言每句七字。 | 无规定。如全诗句子整齐，按每句字数称为几言诗，如五言诗和七言诗；如全诗句子字数不等则称为杂言诗。 | 按词谱规定，每首词有固定句数和每句字数。 | 不拘句数和每句字数。 |
| 平仄格式 | ①每首诗都有严格平仄格式，绝句和律诗共十六种格式，允许个别平声字变格，但必须拗救，且拗救方法也有严格规定。 | ①不拘平仄。 | ①词谱中有严格的平仄规定，且不允许变格，有多少种词谱就有多少种平仄格式。 | ①不拘平仄。 |
| | ②平仄声字的安排在一句之中和句与句之间有许多讲究。 | ②除韵脚字外，平仄安排无拘束。 | ②平仄声字应严格按照词谱规定安排。 | ②除韵脚字外无拘束。 |
| | ③除首联外，其他单句尾字不能用平声，由格式所定。 | ③单句尾字不拘平仄。 | ③按照词谱用平仄声字。 | ③单句尾字不拘平仄。 |
| 对和黏 | 严格要求对和黏：一联中出句和对句相应位的平仄相反，叫对；后联出句五言第二字、七言第二、四字的平仄与前联对句相应位的平仄相同，叫黏。 | 不要求对和黏。 | 严格按照词谱平仄格式要求，有些律句本身就符合对和黏。 | 不要求对和黏。 |

续表

| 项目 | 格律诗特点 | 古体诗特点 | 词特点 | 自由诗 |
| --- | --- | --- | --- | --- |
| 用韵 | ①一首诗只能用一个韵部，而且只限用平声韵，不能用仄声韵。 | ①一首诗中不限一个韵部，且可用平声也可用仄声韵。 | ①不限韵，可用平声韵，也可用仄声韵，按词谱用韵。 | ①不限韵，平仄韵通用。 |
| | ②一首诗必须一韵到底，中间不允许换韵。 | ②不要求一韵到底，可以换韵。 | ②按照词谱要求，可以换韵。 | ②可以换韵。 |
| | ③除第一句可以用韵或不用韵之外其余句子都只能双数句用韵，单数句不能用韵。 | ③单双句皆可用韵。 | ③按照词谱规定，单双句皆可用韵。 | ③单双句皆可用韵。 |
| | ④同一首诗中用于韵脚的字不能重复。 | ④同一首诗中韵脚字可以重复。 | ④无严格规定。 | ④韵脚字可以重复。 |
| | ⑤除起句外，平水韵禁止用邻韵，中华新韵较宽。 | ⑤可用邻韵，也可上声、去声通押。 | ⑤可以用邻韵，也可上声、去声通押。 | ⑤无拘束，上去邻可。 |
| 对仗 | ①对仗位置：律诗要求颔联和颈联对仗，对仗也可放在首、尾联，但全诗中最少有一联要对仗，彻首尾不对或全对都罕见。排律除首尾两联不用对仗外，中间任多少联都要对仗。绝句不要求对仗。 | ①对仗位置：可以完全不用对仗，也可以用，用在什么位置都可以。 | ①对仗位置：无严格规定，只要前后两句字数相等就可以用对仗，也可不用对仗，有少数词谱要求个别句子对仗。 | ①对仗位置：无拘束。 |
| | ②用字要求：出句与对句在相同的位置不能用同一个字。 | ②用字要求：出句与对句相同位置可以使用同一个字。 | ②用字要求：一些词谱不避同字相对。 | ②用字要求：无任何拘束。 |
| | ③平仄要求：只能平对仄，仄对平，较严格。 | ③平仄要求：可以平对平，仄对仄，较宽松。 | ③平仄要求：分两类：一是与律诗一样，平对仄，仄对平；二是与律诗不一样，上下联或平仄完全相同，或以平仄脚对仄仄脚、对平平脚，或以平平脚对平仄脚，皆为词谱规定。 | ③平仄要求：可以平对平，仄对仄，较宽松。 |

续表

| 项目 | 格律诗特点 | 古体诗特点 | 词特点 | 自由诗 |
|---|---|---|---|---|
| 对仗 | ④对仗技术要求：a. 上下句字数相同；b. 句型一致，结构相同；c. 词性相同；d. 意义相关；e. 双声叠韵字各相对。 | ④对仗技术要求：对仗无严格要求，较为宽松。 | ④对仗技术要求：逗句对仗：a. 四字句上一下三，应看作三字句与下面三字句对仗，上一字不算在对仗之内；b. 五字句上一下四，应看作四字句与下面四字句对仗，上一字不算在对仗之内。 | ④对仗技术要求：对仗较为自由，无严格要求。 |
| | ⑤对仗形式：a. 正对与反对：指上句与下句意思相同相近或相反相对。b. 工对与宽对：工对：一是除要求词性相同外，还要求词意属类相同；二是句型一致；三是五字句有四字对得工整。宽对：只要求词性相同，不要求词意类属。c. 借对：借该词的字音或多义词的另一意做对仗。d. 扇面对：指四句诗两联组成一个对仗，其中第三句对第一句，第四句对第二句。e. 流水对，又名串对、十字对或十四字对，即出句和对句是意义连贯的一句话，上下句顺序不能颠倒，各自也不能独立成句，如杜甫《闻官军收河南河北》“即从巴峡穿巫峡，便下襄阳向洛阳”。 | ⑤对仗形式：没有严格约束，可以使用正对与反对，也可工对或宽对，由作者自定。 | ⑤对仗形式：无明确规定与约束，在词谱要求对仗处，可以采用正对与反对，工对或宽对。 | ⑤对仗形式：无严格约束，由作者自定。 |
| | ⑥对仗的避忌：a. 忌合掌，即上下句意思基本相同。b. 避雷同，即相邻两联句子结构完全一样。 | ⑥对仗的避忌：虽无严格禁忌，但合掌与雷同也应避免。 | ⑥对仗的避忌：无明确规定，但也应避忌合掌。因为词谱中很少四个律句并用，故不易雷同。 | ⑥对仗的避忌：无禁忌规定，允许合掌与雷同。 |

本章通过对平仄格式的运用记忆、变格拗救技巧、格律诗写作特点与古体诗、词、自由诗对比等内容讲述，相信读者会对格律诗有一个较为深入全面的了解，特别要放弃对格律谱式的畏难心理，运用变格拗救技巧，使格律诗写作水平锦上添花。

既尊重传统，继承文化精髓，又大胆创新，发展文化内涵，这才是我们的时代精神。

# 第二章 五绝、五律及七绝

本章共三十二首诗，包括五绝八首，五律十首，七绝十四首。其中五绝第八首“黎明闻雨”，五律第五首“脚旁花”、第七首“夏日小院”，七绝第九首“丑父”等涉及变格拗救问题。笔者对诗中不同的变格形式与拗救方法进行了详细阐述，是对第一章中变格拗救理论的具体印证，有助于读者快速掌握变格拗就技巧。

从内容方面看，有节日与历史，更有新农村巨变和都市春天的迷人，还写了师生、朋友之间的友谊，弟妹、母女之间的亲情等等。写一个家庭中不同成员对岁月东逝、天地运转的感悟，也写不同人群对假日出游的不同态度，最让人动容的是笔者在孤独中观看万家灯火、咀嚼墙外歌舞的滋味以及客居异国时对故土的思念。

为了平衡各章体量，将体量比较小的五绝、五律、七绝三种体裁合并为一章，再依据不同体裁分为三节，每节中不再划分目，这一点有别于以下第三章七律、第四章词、第五章古风中依据内容划分节与目的方法。

# 第一节　五绝

本节体裁为五绝，共八首，涉及四种格律谱式，其中五绝一式二首，二式四首，三式四式各一首。第八首“黎明闻雨”首联对句采用了变格与拗救技巧。

本节内容主要赞美农村风力发电与机器割麦的现代化巨变，写灯火万家之夜、歌舞喧阗之时，笔者早关柴扉、独守书香的雅静生活，还有笔者为了母亲，自己让豪屋、居棚户、苦漏雨的窘境。

## 新元

推窗惊丽日，人道又新元。
更喜元宵月，双节照旧年。

2019 年 1 月 1 日

**【平仄格式】**五绝三式，首句平起仄收，仄仄脚。

## 麦收

布谷迎风唱，千川麦浪黄。
收割机过处，金粒运国仓。

2022 年 6 月 6 日

【平仄格式】五绝一式，首句仄起仄收，平仄脚。

## 赞田野风力发电

常记儿时梦，读书不点灯。
如今田野上，发电只听风。

2022 年 5 月 9 日

【平仄格式】五绝一式，首句仄起仄收，平仄脚。

## 赞“诗星光”文化衫[①]

文化缀夹衫，星光伴日传。
骚人居四海，诗谊一衣连。

2022 年 7 月 24 日

【注释】①“诗星光”是一个诗社名称。

【平仄格式】五绝二式，首句仄起平收，平平脚。

## 守静

夜暮遍城灯，人欢舞正浓。
归来一路月，锁去满天星。

2018 年 8 月 18 日

【平仄格式】五绝二式，首句仄起平收，平平脚。

## 守书香

器张夜幕蝉，墙外舞歌欢。
独守书香静，柴扉整日关。

2018 年 8 月 14 日

**【平仄格式】**五绝四式，首句平起平收，仄平脚。

## 憔悴

蓬垢远家邻，空屋少见人。
徒然书满架，憔悴度风尘。

2018 年 8 月 11 日

**【平仄格式】**五绝二式，首句仄起平收，平平脚。

## 黎明闻雨[①]

秋雨任连绵，漏屋不见干。
伴雷寻晓梦，人在艳阳天。

2021 年 10 月 3 日

**【注释】**①作者因将正规楼房让给母亲与伺候母亲的弟妹住，而自己住在楼顶用彩钢搭建的简易棚内，深受漏雨之苦。

**【平仄格式】**五绝二式，首句仄起平收，平平脚。

(仄)仄仄平平，平平仄仄平。
(平)平平仄仄，(仄)仄仄平平。

**【变格与拗救】**首联对句第一字该平用仄“漏”字，属仄平脚句变格，孤平拗，必救。采用本句自救法，将其后隔一字位即第三字该仄用平“不”字补救。此处“不”字与去声“见”字连读，发生音变，读阳平，故此处为平声。

## 第二节 五律

本节体裁为五律，共十首，涉及四种格律谱式，其中五律一式、三式、四式各三首，二式一首。第五首《脚旁花》采用仄拗和小拗，第七首《夏日小院》采用孤平拗的变格拗救技巧。

本节内容主要体现了睦邻理念，与亲友的唱和及友谊，笔者在小院栽花种草的闲适生活，抒发与女儿相别十年的思念，与丈夫阴阳两隔的孤凄。

### 元旦

坤元将复始，悲喜各参差。
孙笑添青发，爷愁落雪丝。
树争一季果，人咏百年诗。
莫叹夕阳晚，犹闻老骥嘶。

2022 年 1 月 1 日

**【平仄格式】**五律三式，首句平起仄收，仄仄脚。

## 假日游

何故怕人稠，徒荒假日游。
人山吾是石，客海我为流。
国庆江山美，中秋鼓瑟柔。
归程一路月，山水暖心头。

2021 年 10 月 5 日

【平仄格式】五律二式，首句仄起平收，平平脚。

## 都市之春

春倚云楼瞰，参差万户轩。
桃街飘粉梦，柳巷漫青烟。
描黛约歌侣，呼朋放纸鸢。
阳台一粒籽，种下满门欢。

2021 年 4 月 5 日

【平仄格式】五律一式，首句仄起仄收，平仄脚。

## 赠友人

邂逅红开日，别君碧柳枝。
闺中私语伴，握手陌生时。
流水摧花貌，秋霜染发丝。
登车挥泪去，犹送祝福词。

2022 年 3 月 7 日

【平仄格式】五律一式，首句仄起仄收，平仄脚。

## 脚旁花

梯间花数盆，妨碍上楼人。
受害将发怒，忽生思辨心。
不劳浇养力，举步有芳芬。
宽厚少积怨，包容多睦邻。

2018 年 5 月 30 日

**【平仄格式】**五律四式，首句平起平收，仄平脚。

平平仄仄平，仄仄仄平平。
仄仄平平仄，平平仄仄平。
平平平仄仄，仄仄仄平平。
仄仄平平仄，平平仄仄平。

**【变格与拗救】**其一，首联出句仄平脚句第三字该仄用平“花”字，当此变格未承担拗救任务时，属于仄拗，格律许可，无需也无法拗救。其二，颔联对句仄平脚句第三字该仄用平“思”字，当此变格未承担拗救任务时，属于仄拗，格律许可，无需也无法拗救。其三，尾联出句第三字该平用仄“少”字，属平仄脚句变格，小拗。采用对句相救法，将本联对句相应位即第三字该仄用平“多”字补救。

## 家宴

盛夏斜阳里，酬朋设宴席。
院栽梳雨柳，庭跃戏虾鱼。
酒醉诗书友，茶香翰墨居。
国安身体健，吾待复何期?

2018 年 8 月 13 日

**【平仄格式】**五律一式，首句仄起仄收，平仄脚。

# 夏日小院

顶楼修小院，餐在绿荫间。
日烤风凉架，云来雨洗帘。
藏瓜三五个，摘豆六七盘。
不敢浇花去，怕惊枝上蝉。

2021 年 10 月 2 日

**【平仄格式】**五律三式，首句平起仄收，仄仄脚。

(平)平平仄仄，(仄)仄仄平平。
(仄)仄平平仄，平平仄仄平。
(平)平平仄仄，(仄)仄仄平平。
(仄)仄平平仄，平平仄仄平。

**【变格与拗救】**尾联对句第一字该平用仄“怕”字，属仄平脚句变格，孤平拗，必救。采用本句自救法，将其后隔一字位即第三字该仄用平“枝”字补救。

# 空街①

空街不见人，满耳响鸦音。
松鼠随心窜，蜘蛛到处抻。
路标皆英语，高教变盲民②。
年老家乡贵，习俗更可亲。

2019 年 10 月 11 日

**【注释】**①本诗为作者在美国加州闲住时有感而作。②高教：这里指高级教师。

**【平仄格式】**五律四式，首句平起平收，仄平脚。

## 忆别离

十年别女梦，总在异国行。
泪眼觅机翼，孤鸿送嘱声。
身居华夏里，心系大洋东。
幸有婵娟共，殷殷母女情。

2022年7月9日

**【平仄格式】**五律三式，首句平起仄收，仄仄脚。

## 梦亡人

冬夜，梦回往昔，暖意融融，却被风雪呼啸惊醒，于凌晨四点有感而作。

青灯冷绣衾，捧卷忆亡人。
为试无边爱，还盘有限银。
偎肩方赏赋，携手却空尘。
梦断蓬莱路，风敲雪夜门。

2022年1月17日

**【平仄格式】**五律四式，首句平起平收，仄平脚。

# 第三节　七绝

本节体裁为七绝，共十四首，涉及四种格律谱式，其中七绝一式二首，二式六首，三式一首，四式五首。第九首采用了大拗和孤平拗用同一个仄字位相救的变格拗救技巧。

本节内容有笔者与老师同学的诗词唱和，与女儿视频后的喜悦，对三八、五四、重阳等节日的赞美，对历史人物的歌颂，对奋斗中的学子们的鼓励，对父子亲情的歌咏，对自然界风花雪月的感悟等。

## 和朱现魁老师兼庆元旦①

冬收春放又催年，日暮寒风再响鞭。
功到全为师借力，香樽共举庆前缘。

2018 年 12 月 31 日

**【注释】**①朱现魁，是作者读高中时的语文老师。时值元旦，朱老师致作者诗一首。原诗为："冬去春来又一年，履新莫忘再加鞭。明朝马到功成日，共啜香醅证宿缘。"

**【平仄格式】**七绝二式，首句平起平收，平平脚。

## 元旦感怀

双女隔洋有喜音，孤身伺母亦宽心。
纵使元旦陈年菜，放眼冬原处处新。

2020 年 1 月 2 日

【平仄格式】七绝四式，首句仄起平收，仄平脚。

## 三八节颂母亲们

男人如叶女如花，春去荣衰不再夸。
却看江山秋后果，分明源自落红家。

2020 年 3 月 8 日

【平仄格式】七绝二式，首句平起平收，平平脚。

## 赞五四精神

五四青春夏日诗，吟于春暮落英枝。
万红寄梦榴花焰，烈烈轰轰奋斗时。

2021 年 5 月 4 日

【平仄格式】七绝四式，首句仄起平收，仄平脚。

## 春夜骤雨

常说春雨悄悄静，昨夜轰雷掣电鸣。
欲问天公何事怒？但驱新冠害苍生。

2022 年 3 月 3 日

【平仄格式】七绝一式，首句平起仄收，平仄脚。

## 重阳感怀

重阳遥看景如诗，红枣石榴挂满枝。
秋果不输炎夏味，夕阳耕作莫说迟。

2020 年 10 月 24 日

【平仄格式】七绝二式，首句平起平收，平平脚。

## 悼屈子

朝阙忠臣浩似星，谁因对错殉人生？
汨罗滚滚哭屈子，正气铮铮贯碧空。

2020 年 6 月 24 日

【平仄格式】七绝四式，首句仄起平收，仄平脚。

## 起早

深冬欲曙月阑珊，满路学生有困颜。
莫羡他人沉懒梦，要知松柏立严寒。

2018 年 12 月 25 日

【平仄格式】七绝二式，首句平起平收，平平脚。

## 丑父

面目坑洼鄙陋男，手携儿女道旁欢。
呜呼父爱无丑俊，快乐取于濡沫间。

2018 年 12 月 25 日

【平仄格式】七绝四式，首句仄起平收，仄平脚。

(仄)仄平平仄仄平，(平)平(仄)仄仄平平。
(平)平(仄)仄平平仄，(仄)仄平平仄仄平。

【变格与拗救】其一，尾联出句第六字该平用仄“丑”字，属平仄脚句变格，大拗，必救。采用对句相救法，将本联对句相应位之前位即第五字该仄用平“濡”字补救。其二，尾联对句第三字该平用仄“取”字，属仄平脚句变格，孤平拗，必救。采用本句自救法，将其后隔一字位即第五字该仄用平“濡”字补救。尾联两处平拗，大拗、孤平拗用同一处仄字位相救，属一仄位救两平拗之法。

## 听蝉

送梦迎霞枕上音，唯凭清露养精神。
唱得叶落君消迹，吾依何物熬暮晨？

2019 年 7 月 25 日

【平仄格式】七绝四式，首句仄起平收，仄平脚。

## 早雪有感

冥节刚过雪飘空[1]，疑是悲情感帝灵。
可恨雨灾迟种麦，倩何铺翠守坟茔？[2]

2021 年 11 月 5 日

**【注释】**①冥节：农历十月初一，民间为祭奠亡灵之日，俗称“鬼节”。鬼节刚过就出现早雪，作者想象是冥节的悲情感动了上苍。②“可恨”两句：因为雨灾地湿，小麦迟迟不能播种，故不像往年冥节时坟头小麦青青一片葱茏，今年的冥节，黄土秃坟，一派凄清。

**【平仄格式】**七绝二式，首句平起平收，平平脚。

## 答东林①

乘风万里向东洋②，久盼团圆欲断肠。
身伴白云寻女去，心牵老母系梓桑。

2018年8月28日

**【注释】**①东林即牛东林，作者师范同学。牛东林致作者原诗为：“驭风万里越大洋，应约至亲无思量。蓝天长空飞惊鸿，泪雨云念远故乡。”②向东洋：此处指太平洋。原本美国在中国的西方，但从武汉乘飞机的去程是向东经过日本航空直接飞美国的西海岸旧金山，所以此处说“向东洋”。

**【平仄格式】**七绝二式，首句平起平收，平平脚。

## 落花

花开花谢原知命，但喜新泥化落英。
纵使路边红泪雨，芳香不减入春风。

2021年4月2日

**【平仄格式】**七绝一式，首句平起仄收，平仄脚。

# 惜榴花

万里归来心正喜，骇然满院落红积。
娇花似焰无缘赏，红蒂空留枉叹息。

2018 年 5 月 19 日

**【平仄格式】**七绝三式，首句仄起仄收，仄仄脚。

# 第三章　七律

本章体裁为七律，是整个下编的主体内容，划分为三节十二目，共一百七十五首。

本章内容比较丰富。从大的方面分为三个主题：一是国家社会层面，包括国事感怀、节日文化、名胜人物、人文景观、社会纵横等丰富多彩的内容，抒发笔者爱国爱民、珍视历史遗迹、尊重历史人物、同情弱者、热爱大好河山的满腔正气与热情；二是个人生活方面，包括个人生活感悟、家人亲情与朋友友情，表达笔者重情重义的操守；三是咏叹自然，写气候有春夏秋冬、风雨星月，写植物有花草、丝瓜、梅豆、枸杞，还有动物如青蛙、蝉等等，这些都成为具有思想感情的生命，都在向世人诉说着哭和笑、爱与恨。

## 第一节　关注社会

本节体裁为七律，共九十首，涉及五种格律谱式，其中七言排律四首，七律一式十二首，二式二十八首，三式十五首，四式三十三首。从使用次数最频繁的格律四式和二式方面，可以见出笔者的写作倾向，多是首联首句押韵，第一联读来就朗朗上口，提高整首诗的艺术价值。在十八首七律和一首七言排律诗中采用了变格拗救技巧。

本节主题是关注社会爱国爱党爱民，寻古探幽叩问历史成败，举旗呐喊助力中华复兴；为长征烈士掬一捧热泪，为抗疫英雄燃一缕心香；用诗韵描绘祖国山川河流，用热情讴歌五星红旗下的天上人间。

## 一、国事感怀

### 观北京世界园艺博览会开幕式

万国相聚繁星灿，开幕京城庆世园①。
欧亚南非兼北美，琵琶琴瑟并筝弦。
月诗星韵蝶虹序，绿舞红歌梦幻篇。
园艺舞台连世界，美天共享路无栏。

2019 年 4 月 28 日

【注释】①世园：这里指世界园艺博览会。

【平仄格式】七律一式，首句平起仄收，平仄脚。

### 赞亚洲文化嘉年华

亚洲文化嘉年华，欲铸长城到海涯。
音乐无篱同起舞，语言有界共琵琶。

比邻茂树根连理，隔海黎民业共发。
存异求同都向好，带结丝路话清茶。

2019 年 5 月 19 日

【平仄格式】七律二式，首句平起平收，平平脚。

平平仄仄仄平平，仄仄平平仄仄平。
仄仄平平平仄仄，平平仄仄仄平平。
平平仄仄平平仄，仄仄平平仄仄平。
仄仄平平平仄仄，平平仄仄仄平平。

【变格与拗救】首联出句第五字该仄用平“嘉”字，不属于规定的变格范畴，无法拗救，为例外拗句，造成了格律最忌讳的三平脚，属本诗瑕疵。

## 赞北京冬奥会

七载等来冬奥会，春节开幕北京城。
赤旗飘荡中华气，巨舞图书龙虎形。
冰上交锋藏竞斗，心中许愿向和平。
体坛最显国家志，豪气英杰驾雪风。

2022 年 2 月 11 日

【平仄格式】七律三式，首句仄起仄收，仄仄脚。

仄仄平平平仄仄，平平仄仄仄平平。
平平仄仄平平仄，仄仄平平仄仄平。
仄仄平平平仄仄，平平仄仄仄平平。
平平仄仄平平仄，仄仄平平仄仄平。

【变格与拗救】颔联对句仄平脚句第五字该仄用平“龙”字。当此变格未承担拗救任务时，属于仄拗，格律许可，无需也无法拗救。

## 赞北京冬奥冠军苏翊鸣

英少十七似虎犊，北京冬奥展雄图。
跳台叱咤十年梦，雪上雷霆万众呼。
强手丛中飞小将，全球目下看华族。
金牌闪耀英雄志，不愧东方大丈夫。

2022 年 2 月 20 日

【平仄格式】七律四式，首句仄起平收，仄平脚。

## 逢元旦赞空间站宇航员[①]

自古人神两界清，今年元旦不相同。
天宫乍现空间站，玉帝惊闻人语声。
光富舱边栽月桂，志刚臂上挂金星。
亚平讲课新年夜，天上人间共此更。

2022 年 1 月 1 日

【注释】①宇航员：本诗颈联和尾联嵌有三位宇航员名字：叶光富、翟志刚、王亚平。

【平仄格式】七律四式，首句仄起平收，仄平脚。

## 初春江汉

日暖衡阳雁不发，盘旋江汉送朝霞。
黄鹤楼下梅争宠，鹦鹉洲前草竞芽。
抗疫东风匡百姓，援灾瑞雪佐中华。
初春藏起桃梨艳，留待白衣带回家。

2020 年 2 月 21 日

【平仄格式】七律四式，首句仄起平收，仄平脚。

仄仄平平仄仄平，平平仄仄仄平平。
平平仄仄平平仄，仄仄平平仄仄平。
仄仄平平平仄仄，平平仄仄仄平平。
平平仄仄平平仄，仄仄平平仄仄平。

【变格与拗救】颔联出句第二字该平用仄“鹤”字，不属于规定的变格范畴，无法拗救，为例外拗句，属本诗瑕疵。

## 赞逆行者

每逢国难见英雄，瘟卷安阳涌逆行。
向虎拔牙拼命上，数沙检疫用心评。
红衣白褂茹梅雪，绿甲蓝衫伴月星。
万户闭门惊世界，才知华夏为何兴。

2022 年 1 月 5 日

【平仄格式】七律二式，首句平起平收，平平脚。

## 咏抗疫志愿者

非故非亲非本分，自觉自愿自捐身。
毅然面对毒魔舞，勇敢冲临战火纷。
买药送食情切切，披星戴月汗涔涔。
不知君姓知君意，平民英雄献赤心。

2022 年 3 月 16 日

【平仄格式】七律三式，首句仄起仄收，仄仄脚。

## 贺《退役军人保障法》施行

揖别慈母奔沙场，血火生涯毅力刚。
昔日扛枪安要塞，今朝舞笔绘家乡。
故荣励志情犹在，新法扬帆再启航。
若有召征还入伍，披肝沥胆卫强邦。

2021 年 7 月 30 日

**【平仄格式】**七律二式，首句平起平收，平平脚。

## 今昔手机

曾为哥大何其宝[1]，退役而今换菜刀。
老少官民人俱用，乡村城市影如毛。
正说功在顺风耳[2]，却道源于信号猫[3]。
何日人装信号眼，正邪善恶见分毫。

2018 年 7 月 3 日

**【注释】**①哥大：指早期手机叫“大哥大”，当时一部手机一万元左右，很昂贵。②顺风耳：传说中指能听到远处声音的人，比喻消息灵通的人。此处借指手机。③信号猫：指为手机传输信号的设备，此处指发达的信号科学。

**【平仄格式】**七律一式，首句平起仄收，平仄脚。

(平)平(仄)仄平平仄，(仄)仄平平仄仄平。
(仄)仄(平)平平仄仄，(平)平(仄)仄仄平平。
(平)平(仄)仄平平仄，(仄)仄平平仄仄平。
(仄)仄(平)平平仄仄，(平)平(仄)仄仄平平。

**【变格与拗救】**其一，颈联出句第五字该平用仄“顺”字，属平仄脚句变格，小拗。小拗在五言句式中必须救，不救就犯了孤平；但在七言句式中可以不救，不救也不犯孤平。此处未救。其二，尾联出句第五字该平用仄“信”字，属仄仄脚句变格，连拗。在保证本句第三字“人”字为平不变的前提下，可以采用本句自救法，将其后位即第六字该仄用平来补救，但此处未救，也属瑕疵。

## 念周公

——纪念周恩来总理逝世四十三周年

山冥水暗地灰灰，祭奠周公亿众悲。
吕尚谋韬敌四海，诸葛才辩震八威。
匡扶社稷常昂首，济佑人民总顺眉。
骨撒何忧无冢墓，人心万代尽丰碑。

2019 年 1 月 9 日

**【平仄格式】**七律二式，首句平起平收，平平脚。

## 忆红军长征

又喜建国七秩庆，珍奇满地念英雄。
寒风充饿千般志，草地为床万里程。
恶水穷山刀上过，枪林弹雨火中行。
需将勇敢铭孙辈，榜样情操引路灯。

2020 年 7 月 1 日

**【平仄格式】**七律三式，首句仄起仄收，仄仄脚。

## 抗美援朝 70 周年感怀

抗美援朝战火纷，雪江暗渡是雄军。
硝烟呐喊惊敌魄，阵地冰雕化厉魂。
坦克飞机输正义，步枪炒面胜魔瘟。
一拳打破侵华梦，美帝威风葬板门。

2020 年 10 月 31 日

【平仄格式】七律四式，首句仄起平收，仄平脚。

## 悼念酒泉卫星发射中心[①]烈士

别母离家向酒泉，插旗戈壁献华年。
风沙堵窖开屏里[②]，草籽充饥建马兰[③]。
魂守东风迎导弹[④]，神忠基地见航天。
复兴千古中华梦，宇宙扬威念圣贤。

2021 年 7 月 5 日

【注释】①酒泉卫星发射中心：位于甘肃酒泉市东北二百一十公里处，是中国建设最早、规模最大的卫星发射中心。②开屏里：新中国成立初期，第一批航天基地建设者挖地窖做窝棚的住宅村。因为他们在黄沙碎石的茫茫戈壁滩上看到几株野草花像孔雀开屏，就为此地取名“开屏村”。③马兰：当年在一望无际的戈壁滩上很少有植物生存，见有几棵马兰花盛开，就为此基地取名“马兰基地”。④东风：在几十年的基地航天事业中，有几百名英雄葬在戈壁滩上，为此陵园取名“东风烈士陵园”。他们生前的口号是：死在戈壁滩，埋在青山头。

【平仄格式】七律四式，首句仄起平收，仄平脚。

## 祭先烈

浪退尘消烈子颜，英名不灭立人间。
家庭虽贵捐国难，生命唯一葬炮烟。
不顾今生长与短，但求后辈富和安。
年年墓上青灰迹，便是国民敬意传。

2022 年 4 月 5 日

**【平仄格式】**七律四式，首句仄起平收，仄平脚。

## 感恩跃进渠

开天辟地水原均，却让太行分富贫。
千里银渠名跃进，十年血汗记人民。
引漳晋域钻山绕[1]，架渡渊峡裹浪奔。
豫北年年丰五谷[2]，只缘前辈送甘霖。

2019 年 10 月 12 日

**【注释】**①引漳：引来漳河水。晋域：晋，山西省的简称。指从山西省境内引来漳河水。②豫北：豫，河南省的简称。安阳地处河南省北部，故称豫北。

**【平仄格式】**七律二式，首句平起平收，平平脚。

(平)平(仄)仄仄平平，(仄)仄平平仄仄平。
(仄)仄(平)平平仄仄，(平)平(仄)仄仄平平。
(平)平(仄)仄平平仄，(仄)仄平平仄仄平。
(仄)仄(平)平平仄仄，(平)平(仄)仄仄平平。

**【变格与拗救】**首联对句第三字该平用仄“太”字，属仄平脚句变格，孤平拗，必救。采用本句自救法，将其后隔一字位即第五字该仄用平“分”字补救。

## 时差

本初划界日参差，四海鸡鸣过对时。
国界界得俗烂漫，时差差到语多姿。
品德规范人同欲，思想科学世共识。
但教真情量远近，不依日月报先迟。

2018 年 9 月 4 日

**【平仄格式】**七律二式，首句平起平收，平平脚。

# 二、节日文化

## 庆七一（二首）

### 其一

风雨飘摇红叶舟，也同航母竞风流。
九天揽月平民喜，四海捉鳖老鳄愁。
江海横流山是舵，日星照耀地为舟。
此船乘客十四亿，敢教淫威说罢休。

2020 年 6 月 30 日

**【平仄格式】**七律四式，首句仄起平收，仄平脚。

仄仄平平仄仄平，平平仄仄仄平平。
平平仄仄平平仄，仄仄平平仄仄平。
仄仄平平平仄仄，平平仄仄仄平平。

㊉平㊀仄平平仄，㊀仄平平仄仄平。

【变格与拗救】其一，首联出句仄平脚句第五字该仄用平“红”字，当此变格未承担拗救任务时，属于仄拗，格律许可，无需也无法拗救。其二，尾联出句第六字该平用仄“四”字，属平仄脚句变格，大拗，必救。采用对句相救法，将本联对句相应位之前位即第五字该仄用平“说”字补救。

### 其二

恶浪滔天一点红，扬帆怒吼启征程。
南昌起义工农血，遵义突围炮火声。
八载驱倭国保泰，三年灭蒋宇澄清。
人民大党江山固，试看中华万代兴。

2022 年 7 月 1 日

【平仄格式】七律四式，首句仄起平收，仄平脚。

## 华夏信仰

万里徙迁冰雪路，如灯信仰照归途。
报恩父母膝三跪，光耀先宗首九匐。
家宴飘香蓬荜暖，亲朋贺岁友情殊。
千秋儒道春节续，不向苍天望救赎①。

2022 年 2 月 1 日

【注释】①“千秋”二句：中国人信奉孔子儒家学派理念，为光宗耀祖、报答养育之恩而脚踏实地奋斗，并不期望依靠上帝救赎。

【平仄格式】七律三式，首句仄起仄收，仄仄脚。

## 年味

日月增辉近大年，人心万事向结端[①]。
街街摊贩催行色，路路红灯映喜颜。
游子四方归故土，商家百业划来年。
户盈祥瑞新春气，窗剪红花待放鞭[②]。

2019 年 1 月 29 日

【注释】①向结端：春节过年意味着一年的结束，所以人们都在努力将所有事情做出一个结果。②放鞭：放鞭炮。

【平仄格式】七律四式，首句仄起平收，仄平脚。

## 腊八节

菩提神树荫全球，悟道因食腊月粥[①]。
救难因何凭教主，称雄还要看吴钩[②]。
皈依信仰如烟去，祭祖佳节未肯休。
一碗红稣千载继，江山南北暖香留。

2022 年 1 月 10 日

【注释】①“菩提”二句：据传，释迦牟尼在菩提树下悟道，已经体弱气虚，这时一个女子送给他一碗红豆粥吃，释迦牟尼顿悟。因这一天是腊月初八，故“腊八粥”成为一个象征符号。②“救难”二句：跳出苦海，争取和平自由，靠的是自身强大，而不是教会的思想统治。

【平仄格式】七律二式，首句平起平收，平平脚。

## 圆梦

——写给因疫情不能回家过春节的游子们

只恨天容新冠霸，门封路断禁车发。
视频也载还乡梦，电付能开孝母花①。
水饺同香春晚夜，宋词共唱《浣溪沙》②。
楹联红遍江南北，黄土长城处处家。

2022 年 1 月 18 日

【注释】① 电付：指移动支付。儿女通过手机、电脑等移动支付手段远程给父母钱，表达孝心。②《浣溪沙》：词牌名，此处代表中国文化。

【平仄格式】七律三式，首句仄起仄收，仄仄脚。

## 大年

拜年络绎紫门开，散去喧哗寂静来。
缺月疏桐陪瘦影，空屋冷灶衬虚怀。
双娇夺冠谋生地，孤母牵肠种梦斋。
生子当容寰宇志，鸿鹄展翅焉同宅。

2019 年 1 月 5 日

【平仄格式】七律二式，首句平起平收，平平脚。

## 静年

新冠封门万众闲，街空巷静度正元。
风捎漠北抓羊味，雁送江南戏水欢。

结队拜年成美梦，挑灯放炮是奢谈。
坐期桃李花开日，朗朗乾坤日日年。

2021 年 2 月 16 日（农历正月初四）

【平仄格式】七律四式，首句仄起平收，仄平脚。

## 元宵前喜降大雪

雪神欲赏上元灯，静静悄悄下碧空。
才喜人间灯海烁，忽听原野阵雷鸣。
龙飞雪舞说丰岁，树醒人欢闹夜城。
一早推门白满地，生机正向日边行。

2021 年 2 月 15 日

【平仄格式】七律二式，首句平起平收，平平脚。

## 元宵节话灯

千载元宵赛彩灯，此时灯彩转机屏。
疫魔但阻人流动，南北依然乐不停。
庙会曾经拥挤乐，宅家依旧快哉风。
未知百代传承后，谜语龙舟可盛行？

2022 年 2 月 13 日

【平仄格式】七律四式，首句仄起平收，仄平脚。

## 今昔对比庆三八

今日三八女子兴，可知古代命乖穷。
金莲三寸锅台转，牛马一生磨道行。
眼下职场凭跨越，当前海内任称雄。
复兴华夏新时代，百业千行跃女星。

2022 年 3 月 6 日

**【平仄格式】**七律四式，首句仄起平收，仄平脚。

## 清明祭烈士

值此清明之际，悼念为新中国献身的烈士们。

父母面前都是宝，宁将热血为国抛。
忍别慈母趋狼虎，强舍娇儿向炮刀。
难忘和平英烈铸，常思历史战魂雕。
英雄墓地清明泪，正是人民敬意昭。

2019 年 4 月 5 日

**【平仄格式】**七律三式，首句仄起仄收，仄仄脚。

## 端午节悼屈原

年年端午赛龙舟，屈子冤魂付远流。
香草美人明壮志，离骚天问斥昏侯。
汨罗长恨凝香粽，荆楚浓情寄赛舟。
承继先贤忠义气，凛然华夏不低头。

2022 年 6 月 3 日

【平仄格式】七律二式，首句平起平收，平平脚。

## 咏师

值此教师节之际，特将此诗献给辛勤工作的教师们。

童蒙开启师烛亮，引路知识向殿堂。
三尺讲台容宇宙，一方教苑育国梁。
呕心桃李清风袖，皓首文经古柏刚。
名利富贫抛界外，比肩贤士作同行。

2018 年 9 月 9 日

【平仄格式】七律一式，首句平起仄收，平仄脚。

## 冬至

冬至之节大似年，食俗异趣北和南。
黄河浊浪闻香饺，江海红沙竞米圆①。
苏醒一阳梅傲雪②，冰封三九柳低寒③。
一生能过佳节几，把酒今宵务尽欢。

2018 年 12 月 24 日

【注释】①红沙：这里指红豆沙。冬至节南方有吃红豆粥的习俗。米圆：指糯米做的汤圆。②苏醒一阳：指从冬至这天开始一阳苏醒，中国南方已经有梅花傲雪开放了。③冰封三九：指在中国北方，冬至是“头九”的第一天，这时距离春天还很遥远，有谚语这样说：“头九二九不出手，三九四九冰上走，五九六九，沿河看柳。”因此，冬至节是中国北方冬天的开始，柳枝在瑟瑟朔风中低垂着。

**【平仄格式】**七律四式，首句仄起平收，仄平脚。

## 三、名胜人物

### 参观古邺城博物馆

久慕英雄访展馆，三台古瓦汉时砖。
六朝都阙埋漳底，万户繁华隐暮烟。
脚下隐约车马闹，草尖犹似瑞光缠。
千年王气遥然逝，沧海桑田改世颜。

2020年1月21日

**【平仄格式】**七律三式，首句仄起仄收，仄仄脚。

### 访阿斗寨感怀

刘禅天赋帝王身，民意难恭苟且存。
雨洗断墙含恨泪，风吹枯柏灭国音。
种花不着西蜀色，垂钓都归司马鳞。
阿斗憨言不恋旧，奈何梦碎囚寨门。

2018年11月22日

**【平仄格式】**七律二式，首句平起平收，平平脚。

(平)平(仄)仄仄平平，(仄)仄平平仄仄平。
(仄)仄(平)平平仄仄，(平)平(仄)仄仄平平。
(平)平(仄)仄平平仄，(仄)仄平平仄仄平。
(仄)仄(平)平平仄仄，(平)平(仄)仄仄平平。

**【变格与拗救】**其一，颈联出句第六字该平用仄“蜀”字，属平仄脚句变格，大拗，必救。采用对句相救法，将本联对句相应位之前位即第五字该仄用平“司”字补救。

其二，尾联对句第五字该仄用平“囚”字，属于平平脚句的仄声变格，非格律理论规定的变格范畴；但将其后位该平用仄“寨”字补救，变成“平仄平”结尾，避免了三平脚，也是一种传统方法。

## 游长春观①

名山白玉长春观，东向西曲椅状湾。
画栋翘檐屋错落，粉崖绿道景盘旋。
拾阶云里观南海②，枕玉松边品古贤。
香火绕空人络绎，钟声入耳忘尘缘。

2019 年 3 月 27 日

**【注释】**①长春观：坐落于安阳市西约三十公里的白玉山山腰，周围山势犹如玉龙盘绕，依山而建，顺势而为，呈太师椅形。后有盘古顶、左龙山、右龙洞，洹河从长春观前盘桓而过，群峰拱卫，三山环抱，将道观掩映于苍松翠柏之中。②南海：指善应小南海松涛景点，位于长春观东南。站在长春观上，可以遥观善应松涛风景。

**【平仄格式】**七律一式，首句平起仄收，平仄脚。

## 相约同道游

天寒地冻夜沉沉，澎湃激情跨暖门。
迎月披星听万籁，倚坛裹厚等同仁。
满车鹤发童颜笑，一路欢歌雅韵音。
相见相知结挚友，驱车伊洛拜诗神。

2021 年 12 月 18 日

**【平仄格式】**七律二式，首句平起平收，平平脚。

## 琵琶峰谒白居易墓

琵琶峰上瞻青冢，再拜丰碑献慕情。
翠柏尚弹长恨调，伊河犹赋炭翁声。
亲民司马千年誉，接地诗词万古名。
料想来春花满墓，纷纷骚客继芳踪。

2021 年 12 月 18 日

**【平仄格式】**七律一式，首句平起仄收，平仄脚。

## 邙山谒杜甫陵园

晚照邙山拜杜陵，石雕塑像画平生。
弓腰似问黎民苦，颔首犹藏翰赋功。
三吏三别匡后世，一生几度饿茅棚。
登车回首别诗圣，千古名篇响暮风。

2021 年 12 月 18 日

**【平仄格式】**七律四式，首句仄起平收，仄平脚。

## 游笔架山杜甫故里感怀

山如笔架有窑楼[①]，杜甫出生瑞雪柔[②]。
七岁风吟官宦第，六旬韵断岳阳舟[③]。
江山儒道心中护，黎庶悲情笔底流。
诗圣伟雕犹探目，欲知寒士已无愁[④]。

2021 年 12 月 19 日

**【注释】**①“山如”句：杜甫出生于河南巩县的笔架山下，家庭多有窑楼。②瑞雪柔：杜甫出生时间是712年二月十二日。③岳阳舟：杜甫于唐朝大历五年（770年）死在由潭州往岳阳的小船上。④“诗圣”二句：诗圣杜甫的雕像尚且探目向前，似乎在询问游客他在《茅屋为秋风所破歌》中“安得广厦千万间，大庇天下寒士俱欢颜”的愿望实现了没有。

**【平仄格式】**七律二式，首句平起平收，平平脚。

## 谒宋太祖赵匡胤荒冢感怀

冬瞻太祖永昌陵，凛冽寒风热血腾。
平乱开国尧舜誉，重文抑武汉唐名。
荒荆掩径无青瓦，石像缺头仅土茔。
望眼新城宏厦矗，谁为大宋记竹功？

2021 年 12 月 19 日

**【平仄格式】**七律二式，首句平起平收，平平脚。

## 访康百万庄园

巨贾中州康百万，晚清慈禧过庄园。
坐山面水通八府[①]，守信推德聚万钱。
叶氏井说康氏厚[②]，贞节坊表妇节贤[③]。
窑楼鳞次千重第，家道商经是本源。

2021 年 12 月 19 日

**【注释】**①坐山面水：康百万庄园坐落在嵩山与邙山结合部。庄园背后是黄河，门前是洛河，水上交通直达全国各地。②叶氏井：现在康家庄园内有一口井，水甘冽，但标注为“叶氏井”，非康家所有。原来此井所在的宅院原属于叶氏庄园，因大雨冲毁庄园，叶氏移居他乡。康家求买，叶氏只卖庄园不卖井，故此井所有权一直归叶氏。表明康家不巧取豪夺的仁厚风范。③贞节坊：康百万庄园大门口立有清朝皇帝旌表的“贞节牌坊”。

**【平仄格式】**七律三式，首句仄起仄收，仄仄脚。

## 暮游伊洛河畔

伊洛河边观落日，同侪结伴漫游时。
归鸦催暮淘沙速[①]，锦鲤撒欢放钓痴[②]。
两架飞桥过邙岭，一群骚客觅闲诗。
数鱼弄水猜畦菜[③]，六岁童心甲子拾[④]。

2021 年 12 月 18 日

**【注释】**①淘沙速：鸦鸣日暮，淘沙人趁天黑前紧张地运沙上岸。②放钓痴：鲤鱼畅游，放钓人看着河水痴痴入神。③“数鱼”句：游客们在河边欣赏鱼儿，品尝甘冽的河水，猜测着河岸田畦中各种菜的名字。④“六岁”句：河边的游玩让这群六十岁的骚客似乎又拾回了六岁的童心。甲子，据干支纪年或记岁时六十组干支轮一周，称一个甲子，为六十年。本诗中“甲子”指游客年龄在六十岁。

**【平仄格式】**七律三式，首句仄起仄收，仄仄脚。

仄仄平平平仄仄，平平仄仄仄平平。

平平仄仄平平仄，仄仄平平仄仄平。

仄仄平平平仄仄，平平仄仄仄平平。

平平仄仄平平仄，仄仄平平仄仄平。

**【变格与拗救】**颈联出句第五字该平用仄“过”字，属仄仄脚句变格，连拗。在保证本句第三字“飞”字为平不变的前提下，采用本句自救法，将其后位即第六字该仄用平“邙”字补救。

## 游长治漳泽湖湿地公园

披霞携友到漳湖[①]，惊看烟云水面铺。
芦荡茫茫飞快艇，忽疑好汉出水浒。
桥连柳岸游人醉，榭点花原白鹭逐。
摘取荷边三朵秀，插于书案艳茅庐。

2020 年 9 月 26 日

**【注释】**①漳湖：即漳泽湖。

**【平仄格式】**七律二式，首句平起平收，平平脚。

平平仄仄仄平平，仄仄平平仄仄平。

仄仄平平平仄仄，平平仄仄仄平平。

平平仄仄平平仄，仄仄平平仄仄平。

仄仄平平平仄仄，平平仄仄仄平平。

**【变格与拗救】**其一，颔联对句第五字该仄用平“出”字，属于“平平脚”句的仄声变格，非格律理论规定的变格范畴；但将其后位该平用仄“水”字补救，变成“平仄平”结尾，避免了三平脚，也是一种传统方法。其二，颈联对句仄平脚句第五字该仄用平“白”字。当此变格未承担拗救任务时，属于仄拗，格律许可，无需也无法拗救。

## 登河北五指山

如来不惧太行险，睡卧千年五指山。
游客盘环织彩路，溪流藏翠响花间。
立于绝顶人间小，仰视佛山天地宽。
回首惊奇峰矗矗，凯歌声里忘途艰。

2019 年 5 月 2 日

**【平仄格式】**七律一式，首句平起仄收，平仄脚。

(平)平(仄)仄平平仄，(仄)仄平平仄仄平。
(仄)仄(平)平平仄仄，(平)平(仄)仄仄平平。
(平)平(仄)仄平平仄，(仄)仄平平仄仄平。
(仄)仄(平)平平仄仄，(平)平(仄)仄仄平平。

**【变格与拗救】**其一，首联出句第五字该平用仄“太”字，属平仄脚句变格，小拗。小拗在五言句式中必须救，不救就犯了孤平；在七言句式中可以不救，不救也不犯孤平。此处属于七言小拗，未救。其二，颈联对句仄平脚句第五字该仄用平“天”字。当此变格未承担拗救任务时，属于仄拗，格律许可，无需也无法拗救。

## 游梁山

唱响梁山好汉歌，攀阶越岭觅城郭。
替天行道千年义，杀富匡贫百世德。
水浒沙平楼栉比，孤山血退树婆娑。
招安计陷英雄泪，忠义堂前感慨多。

2021 年 5 月 20 日

【平仄格式】七律四式，首句仄起平收，仄平脚。

## 游宝泉（二首）

### 其一

沐日迎风向宝泉，贪得一晌效神仙。
轰雷卷雪天飞练[①]，叠水流清客荡船。
玉女瀑前群女艳，猿人峰下众峰丹。
倚石濯手观鱼戏，洗净俗愁眼界宽。

【注释】①飞练：瀑布。

【平仄格式】七律四式，首句仄起平收，仄平脚。

### 其二

秘境宝泉奇景幽，银河咆哮挂峰流。
巨石结队拥湍卧，人道女娲不慎丢。
栈道连潭闻鼓瑟，竹排载侣荡温柔。
郁金游客花香路，疑似神仙世上游。

2021 年 3 月 21 日

【平仄格式】七律四式，首句仄起平收，仄平脚。

仄仄平平仄仄平，平平仄仄仄平平。
平平仄仄平平仄，仄仄平平仄仄平。
仄仄平平平仄仄，平平仄仄仄平平。
平平仄仄平平仄，仄仄平平仄仄平。

【变格与拗救】其一，首联出句第三字该平用仄“宝”字，属仄平脚句变格，孤平拗，必救。采用本句自救法，将其后隔一字位即第5字该仄用平“奇”字补救。其二，颔联对句第三字该平用仄“女”字，属仄平脚句变格，孤平拗，必救。采用本句自救法，将其后隔一字位即第五字该仄用平“不”字补救。此处“不”字与其后“慎”字连读时发生音变，由去声变为阳平，属于平声。

## 游沙河桃花源

沙河美景桃花地，竟在青峰赤壁间。
拾步登天踩花瓣，倚崖赏瀑弄清泉。
笑观群客峦坪舞，遥望炊烟云顶缠。
归去买棵毛栗树，相约仙鹤会明年。

2021 年 3 月 28 日

【平仄格式】七律一式，首句平起仄收，平仄脚。

平平仄仄平平仄，仄仄平平仄仄平。
仄仄平平平仄仄，平平仄仄仄平平。
平平仄仄平平仄，仄仄平平仄仄平。
仄仄平平平仄仄，平平仄仄仄平平。

【变格与拗救】其一，颔联出句第五字该平用仄“踩”字，属仄仄脚句变格，连拗。在保证本句第三字“登”字为平不变的前提下，采用本句自救法，将其后位即第六字该仄用平“花”字补救。

其二，颈联对句仄平脚句第五字该仄用平“云”字，当此变格未承担拗救任务时，属于仄拗，格律许可，无需也无法拗救。

## 登天梯山

问山何故曰天梯，回我云峰不见鸡。
栈道峭崖缠玉带，索桥绝壁架虹霓。
锦屐攀上凌霄顶，香汗滴临涧谷溪。
把酒临风神气爽，欲学隐士卧柴居。

2021 年 4 月 17 日

【平仄格式】七律二式，首句平起平收，平平脚。

## 登景梅山（三首）

### 其一　抱香湖

抱香湖绕景梅芳，对镜春山正化妆。
望远飞舟如跑马，腾空群鹤似追光。
水中桃面搓衣妹，隔岸英姿晒网郎。
不管下游干旱唤，水山相恋碧苍茫。

【平仄格式】七律二式，首句平起平收，平平脚。

### 其二　登山

丹霞地貌景梅山①，疑是金星炼鼎翻。
紫玉层层朱壁耸，栈桥颤颤赤峰环。

粉桃青杏香千壑，琼瑙红岩秀万峦。
攀上云霄人入画，苍颜骚客爽如仙。

【注释】①景梅山：坐落于河北省邢台市西。

【平仄格式】七律二式，首句平起平收，平平脚。

### 其三　山枣树

根立朱岩峭壁中，枝悬云海雾霄空。
米花簇簇播香栈，嫩叶昂昂斗恶风。
百岁纤株坚似铁，半生硕果盛如峰。
山中默默添风景，不向竹帛索誉荣。

2021 年 4 月 24 日

【平仄格式】七律四式，首句仄起平收，仄平脚。

## 登小泰山（二首）

### 其一

雅趣同仁有二三，黄龙洞外泰山攀①。
豪情漫洒深秋野，诗意偏生老树尖。
古塔苔阶花簇簇，蓝波红瓦日丹丹。
莫言野径无佳景，挥汗高歌欲解衫。

【注释】①泰山：这里指安阳市西南约三十公里处的小泰山。

【平仄格式】七律四式，首句仄起平收，仄平脚。

## 其二

奇景直追到顶峦，相约同道意方酣。
倚崖能瞰龙图水[①]，临峻才观睡女山[②]。
峰吐桃花香四溢，塔托古柏翠一天。
若得共酿竹林酒，饮醉东风忘世缘。

2019 年 4 月 3 日

**【注释】**①龙图水：小泰山脚下有洹河流过，上游窄，下游宽处有水坝拦住，在山顶俯瞰如一条游龙，到水坝处如巨龙昂首，故称。②睡女山：小泰山西侧之山，山峰连绵蜿蜒，从小泰山顶之险峻处遥望西山，连绵的山峰犹如一位侧身而卧的美女，人称“睡女山”。

**【平仄格式】**七律四式，首句仄起平收，仄平脚。

## 游马鞍山[①]（七言排律）

女娲石化马鞍山[②]，极顶风摇动地天[③]。
如奔群山葱郁郁，似蛇洹水带盘盘。
青铺古栈千寻壁，红染新村百户檐。
夹道核桃出隧洞，临崖樱树隐丛峦。
玉亭错落红点翠，雄殿巍峨峰举仙。
槐穗飘香挽春意，椹桃凝碧惹馋涎。
村婆擀面调山蔌，野老牵驴上照片。
林下观前方悟道[④]，花间庙里欲参禅。
红颜过去沉俗务，老迈今时享雅闲。
约道秋来重顾此，定为红绿果铺山。

2019 年 5 月 6 日

**【注释】**①马鞍山：此处指安阳市西南的马鞍山，距安阳市约五十公里，位于安阳市、林州市、鹤壁市三地交界处。景点名称为马鞍山森林公园。②“女娲”句：女娲是古代神话中的女神，能化万物。她曾用黄土造人，并炼五色石补天，折断鳌足支撑四极，治理洪水，杀死猛兽，使人民得以安居。此处是指传说安阳的马鞍山是女娲用五色石化成。③极顶：指马鞍山的太极顶，为此山最高处。④观前：指马鞍山上的道观。

**【平仄格式】**七言排律，前八句为七律二式，首句平起平收，平平脚。

(平)平(仄)仄仄平平，(仄)仄平平仄仄平。
(仄)仄(平)平平仄仄，(平)平(仄)仄仄平平。
(平)平(仄)仄平平仄，(仄)仄平平仄仄平。
(仄)仄(平)平平仄仄，(平)平(仄)仄仄平平。
(平)平(仄)仄平平仄，(仄)仄平平仄仄平。
(仄)仄(平)平平仄仄，(平)平(仄)仄仄平平。
(平)平(仄)仄平平仄，(仄)仄平平仄仄平。
(仄)仄(平)平平仄仄，(平)平(仄)仄仄平平。
(平)平(仄)仄平平仄，(仄)仄平平仄仄平。
(仄)仄(平)平平仄仄，(平)平(仄)仄仄平平。

**【变格与拗救】**其一，第五联出句第六字该平用仄“点”字，属平仄脚句变格，大拗，必救。采用对句相救法，将本联对句相应位之前位即第五字该仄用平“峰”字补救。其二，第六联出句第五字该平用仄“挽”字，属仄仄脚句变格，连拗。在保证本句第三字“飘”字为平不变的前提下，采用本句自救法，将其后位即第六字该仄用平“春”字补救。

## 野炊（七言排律）

千年榆下炊烟袅，野火山柴烩菜熬。
铺垫摆盘席地坐，摩拳捋袖热情高。
饭香弥漫漳河畔，枚响惊飞水面雕[1]。
游乐始尝归隐趣，酒酣方悟退休骄。
放身树下千愁去，入响鼾中百恨抛。
万事纷纭沉谷底，一身轻快看云霄。
子规送客青歌美，落日织虹彩韵娇。
最宜出游朋四五，野炊方感意中陶。

2019 年 5 月 9 日

**【注释】**①“枚响”句：枚响，划拳猜枚的喊声。水面雕，一种水鸟。

**【平仄格式】**七言排律，前八句为七律一式，首句平起仄收，平仄脚。

## 游漳河湿地公园[1]（七言排律）

湿地公园夏景佳，花香鸟语唱龟蛙。
小鸠急旋浮流水，巨鹤低翔戏鲤虾。
红栅幽曲盘故道[2]，黄龙隐现挂峰崖[3]。
清河潺潺鸣深涧，舟叶徐徐过峻峡。
两岸高山接队涌，一河浅草散星插。
山腰渠架滔滔水，脚底溪蹚软软沙。
日午人乏留恋坐，天清气静赏心夸。
桂林美景乡边看，欲卧青石不返家。

2019 年 5 月 9 日

**【注释】**①漳河湿地公园：这里指位于安阳市殷都区（原安阳县都里乡）的湿地公园，与河北省接壤。②红栅：指该公园里蜿蜒曲折的小路两侧都有红色的木栅栏相护。③黄龙：比喻嵌在山腰的黄色栈道。

**【平仄格式】**七言排律，前八句为七律四式，首句仄起平收，仄平脚。

## 游山览水

同道偷来乱里闲，逃出闹市去山间。
雪花洞底消香汗，化象崖头咀葚干[1]。
问道赵家河岸路，照姿坝上鹤童颜。
乐游不在山高峻，笑影相随可比仙。

2019 年 7 月 17 日

**【注释】**①化象：安阳县马家乡村名。葚干：树上熟透晒干的桑葚。

**【平仄格式】**七律四式，首句仄起平收，仄平脚。

## 登人头山（二首）

### 其一　登山

人头山壑石沟远，花甲相携拄杖攀。
道险难停矫健女，西风不阻壮心男。
乱石绝壁闻宏论，野草荒荆衬笑颜。
千古石庵空寂寞，留于我辈悟尘缘。

【平仄格式】七律一式，首句平起仄收，平仄脚。

### 其二　山荆

登河南与河北两省交界处的人头山，观漫山之山荆，体悟其生命之顽强，有感而作。

生于岩缝艰难长，百载唯留数尺长。
暮雨朝风花总艳，千割万砍叶仍香。
深山少路存霜雪，绝壁无人卧虎狼。
且喜莺蝶春夏伴，乱根嚼断续忠肠。

2019 年 11 月 18 日

【平仄格式】七律一式，首句平起仄收，平仄脚。

## 深山小村巨变

曾因鸟道远人寰，开路劈山绝壁盘。
青壮携儿迁闹市，妪翁留守护家园。
崖巅别墅疑城镇，温饱渔樵废旱田。
不见骑驴推碾客，回家只在瞬息间。

2019 年 11 月 18 日

【平仄格式】七律二式，首句平起平收，平平脚。

## 盛夏游灵山

驱车伴友谒灵山，满目葱茏退夏炎。

几缕心香升碧落，百阶雄殿度凡仙。
层峦绕水藏私语，曲径盘峰悦皱颜。
回首瓦黄一片庙，禅音佐酒醉情缘。

2022年7月19日

【平仄格式】七律二式，首句平起平收，平平脚。

## 小南海采风四咏

### 其一　咏小南海水库

水库如龙卧众山，横陈一坝锁龙涎。
湖波荡碧南海气，堤岸铭功跃进年[①]。
千载水魔消厄运，万家黎庶保平安。
泄洪闸下歌涛滚，唱向花村袅袅烟。

【注释】①跃进年：小南海水库大坝为1958年“大跃进”时期所建。

【平仄格式】七律四式，首句仄起平收，仄平脚。

### 其二　咏彰武水库及建设者

犹见曹操彰武影[①]，传承水库惠苍生。
烟波浩渺八十里，山野葱茏百代功。
双璧珠联南海库，五闸扼守溢流洪。
青春铸就英贤路，换取花香鸟语风。

【注释】①曹操彰武：据传彰武水库所在地为曹操演练水军、表彰武功之处，故名。

【平仄格式】七律三式，首句仄起仄收，仄仄脚。

## 其三　咏小南海泉

牛头山谷玉泉丰[①]，万串珍珠跳跃升。
白浪苍茫聚南海，清流迢递向东瀛。
鱼游水草鸭栖渚，虾弄芦花鹅引朋。
泽被千川出远古，生生世世不了情。

【注释】①牛头山：小南海南岸山名。

【平仄格式】七律二式，首句平起平收，平平脚。

## 其四　咏善应松涛

黄牛饮海耸奇峰[①]，寺庙莲台掩翠松[②]。
俯瞰滔滔南海浪[③]，卧听瑟瑟谷中风。
山头挤满今朝客，崖洞疑藏古代僧。
善应松涛千载景，纵观多少废和兴。

2022 年 6 月 21 日

【注释】①黄牛饮海：小南海南岸山峰，远望似黄牛引颈于小南海中饮水，故称牛头山。②寺庙：牛头山腰有唐代所建“南海古庙”。③南海：小南海群泉汇成辽阔水域，故称“小南海”，简称“南海”。

【平仄格式】七律二式，首句平起平收，平平脚。

# 在武汉

旅美途中随兴走，登机武汉暂停留。
高楼林立楚汉地，公路纵横鹦鹉洲。
漠漠晴川鸿雁竞[①]，滔滔江海巨轮稠[②]。
古时黄鹤今夕返，难认千年黄鹤楼。

2018 年 8 月 28 日

【注释】①鸿雁竞：在武汉天河机场周围上空，飞机频频升空与降落，如同竞赛。此处鸿雁比喻飞机。②“滔滔”句：武汉长江大桥上下游轮船穿梭如流。

【平仄格式】七律三式，首句仄起仄收，仄仄脚。

(仄)仄(平)平平仄仄，(平)平(仄)仄仄平平。
(平)平(仄)仄平平仄，(仄)仄平平仄仄平。
(仄)仄(平)平平仄仄，(平)平(仄)仄仄平平。
(平)平(仄)仄平平仄，(仄)仄平平仄仄平。

【变格与拗救】其一，颔联出句第五字该平用仄“楚”字，属平仄脚句变格，小拗。采用对句相救法，将本联对句相应位即第五字该仄用平“鹦”字补救。其二，颔联出句第六字该平用仄“汉”字，属平仄脚句变格，大拗，必救。采用对句相救法，将本联对句相应位之前位即第五字该仄用平“鹦”字补救。其三，颔联对句第三字该平用仄“纵”字，属仄平脚句变格，孤平拗，必救。采用本句自救法，将其后隔一字位即第五字该仄用平“鹦”字补救。颔联三处平拗，小拗、大拗、孤平拗用同一处仄字位相救，属一仄位救三平拗之法。其四，尾联对句仄平脚句第五字该仄用平“黄”字，当此变格未承担拗救任务时，属于仄拗，格律许可，无需也无法拗救。

## 拜扁鹊庙

依依垂柳诉忠奸①，扁鹊坟茔隐大贤。
济世悬壶除病魔，望闻问切创医先。
墓边神药无名子②，魂下灵丹九首仙③。
未比帝陵雄峻势，陋伺不掩气节兰。

2019 年 11 月 11 日

【注释】①相传扁鹊遭战国时期秦国一太医令嫉妒被暗杀。②无名子：据传在扁鹊墓边，能收集到一种褐色矿石类颗粒可以医病，人们视为神药。③九首仙：俗称“九头仙”。据说是扁鹊生前种的一种艾草，被视为神草，在封建社会一直把它作为敬献皇帝的贡品。

【平仄格式】七律二式，首句平起平收，平平脚。

## 叹甄妃①

——访古邺城过灵芝村甄妃墓有感

袁家帷帐曹府床②，更误洛神埋祸秧③。
凤冠霞披藏冷泪，王妃帝后咽哀伤。
荒坑辱尽至尊位，残冢焉为归魄堂④？
唯见寒鸦鸣死树，欲哭无处诉凄凉。

2020 年 1 月 21 日

【注释】①甄妃：文昭甄皇后（183—221年），名不详，相传叫甄宓，为上蔡令甄逸之女。魏文帝曹丕之皇后，魏明帝曹叡之生母。②“袁家”二句：甄氏原本是袁绍次子袁熙之妻，建安九年（204年）曹操率军攻下邺城，掳得甄氏，被曹丕所纳，史称甄夫人。生下儿子曹叡和女儿曹氏（即东乡公主）。③洛神：《洛神赋》。是曹操之子曹植创造的辞赋名篇，其兄曹丕怀疑《洛神赋》的主人公是甄宓，因此怀疑甄宓与曹植关系暧昧。这种猜测导致曹丕对甄宓和弟弟曹植的不满。④“荒坑”二句：黄初元年（220年）曹丕称帝，宠幸后宫文德郭皇后、李贵人、阴贵人等，甄氏流露怨恨，曹丕于黄初二年（221年）六月，遣使赐死甄氏，葬于邺城外（今安阳县柏庄镇灵芝村）。黄初七年（226年）五月曹丕病重，立甄氏的儿子平原王曹叡为太子。曹叡即位后，追谥甄氏为文昭皇后。太和四年（231年）十二月，魏明帝曹叡将甄氏改葬于朝阳陵。本诗所写处是甄氏迁葬后留下的原墓址。

**【平仄格式】**七律二式，首句平起平收，平平脚。

(平)平(仄)仄仄平平，(仄)仄平平仄仄平。
(仄)仄(平)平平仄仄，(平)平(仄)仄仄平平。
(平)平(仄)仄平平仄，(仄)仄平平仄仄平。
(仄)仄(平)平平仄仄，(平)平(仄)仄仄平平。

**【变格与拗救】**其一，首联对句第三字该平用仄“洛”字，属仄平脚句变格，孤平拗，必救。采用本句自救法，将其后隔一字位即第五字该仄用平“埋”字补救。其二，颈联出句第五字该平用仄“至”字，属平仄脚句变格，小拗。采用对句相救法，将本联对句相应位即第五字该仄用平“归”字补救。

## 义村李庄[①]

深山河畔小孤村，滋养千年大义人。
弱妇献慈供一水，义男舍命救八民。
硝烟抗日学何去？同济师生此处存。
延续中国文化脉，便得高校报洪恩[②]。

2018 年 5 月 30 日

【注释】①李庄：某省山区一小村庄，在抗日战争时期，接纳养活了上海同济大学两万余名师生，长达六年之久，躲过灾难，培养人才。此村千年前因一女子同情船夫，常免费供水给船夫而得义名。后全村人效仿她的义举，一男子曾经一次救活八个人。许多船工、商人来此聚集，义村李庄迅速壮大。李庄人遍布全球，参与百业，皆遵循一个“义”字，不忘李庄大义精神。②报洪恩：为了报答李庄人拯济危难，同济大学在李庄开办了同济大学李庄医学院分校。

【平仄格式】七律二式，首句平起平收，平平脚。

## 访马氏庄园（二首）

### 其一　咏马丕瑶[①]

照壁南山马氏庄[②]，白屋进士佐朝纲。
齐家守道耕读第，教子遵德富贵堂。
拒寇忠君勤吏治，革疾惩腐重蚕桑。
百官榜样青天誉[③]，洹水悠悠万世芳。

【注释】①马丕瑶（1831—1895年），字玉山，河南安阳人。清同治元年（1862年）进士。曾任河南布政史、巡抚，广东巡抚。②照壁南山：马氏庄园遥对宝山，实为天然照壁，这是马丕瑶阻止儿子修照壁语。③百官榜样：马丕瑶被光绪皇帝褒奖为“实心爱民，忠心朝廷，堪为晋省百官之楷模”。他也深受百姓爱戴，被称为“马青天”。

【平仄格式】七律四式，首句仄起平收，仄平脚。

## 其二　感马青霞①

马氏闺楼冷碧纱，空飞紫燕觅青霞。
舍身捐富匡国运，倡教扶桑救众家。
诰命竟为宵小辱②，大公反被恶私杀③。
茹屈饮恨英年逝，一曲长歌荡海涯。

2020 年 11 月 29 日

**【注释】**①马青霞（1877—1922年）：女，河南安阳人。改名刘青霞。中国同盟会会员。曾创办华英女校，捐助各地女子教育事业。辛亥革命前后，任北京女子政法学校校长等职。1912年被公举为河南省国民捐事务所总理。1922年将全部财产交公，用于河南的教育事业。②诰命：马青霞被皇帝诰封“一品夫人”。③大公：孙中山赞马青霞“天下为公，巾帼英雄”。

**【平仄格式】**七律四式，首句仄起平收，仄平脚。

## 七夕感怀

岁岁七夕动地天，离人泪雨夜涟涟。
一眸斩断霓裳梦，两担挑出银汉缘。
真爱何愁尘万里，相思焉怕越经年。
他时我若为婚帝，飞架霄桥任爱牵。

2019 年 8 月 25 日

**【平仄格式】**七律四式，首句仄起平收，仄平脚。

(仄)仄平平仄仄平，(平)平(仄)仄仄平平。
(平)平(仄)仄平平仄，(仄)仄平平仄仄平。
(仄)仄(平)平平仄仄，(平)平(仄)仄仄平平。
(平)平(仄)仄平平仄，(仄)仄平平仄仄平。

## 读《红楼梦》吟贾宝玉

补天无计下凡来，前世结缘十二钗。
愿与胭脂同草冢，羞陪浊臭共师台。
三生石远恩情灭，双喜烛红幻梦哀。
大地茫茫凡事了，袈裟退锦道人来。

2022 年 6 月 30 日

**【平仄格式】**七律二式，首句平起平收，平平脚。

# 四、人文景观

## 参观山东梁山寨文化有感

放眼梁山贾堌堆[①]，似回古代运河隈。
泥墙草顶街屋旧，古井坑塘碾子灰。
村寨花滩三百亩，龙山陶器数行堆。
红灯八巷留骚客，收获颜回榜样归[②]。

2021 年 5 月 23 日

**【注释】**①贾堌堆：山东梁山附近村寨名。②颜回：孔子弟子，是在穷困中发奋读书的榜样。

**【平仄格式】**七律四式，首句仄起平收，仄平脚。

## 闲步东园

新到东区园景旷，夏初携友逛阴凉。
礼湖雁落鱼戏水，落日光斜楼映塘。
鼓乐弦歌动亭榭，媪翁稚子闹花廊。
开心未必周章远，不羡苏杭乐故乡。

2019 年 5 月 21 日

**【平仄格式】**七律三式，首句仄起仄收，仄仄脚。

ⓧ仄ⓟ平平仄仄，ⓟ平ⓧ仄仄平平。
ⓟ平ⓧ仄平平仄，ⓧ仄平平仄仄平。
ⓧ仄ⓟ平平仄仄，ⓟ平ⓧ仄仄平平。
ⓟ平ⓧ仄平平仄，ⓧ仄平平仄仄平。

**【变格与拗救】**其一，颔联出句第六字该平用仄“戏”字，属平仄脚句变格，大拗，必救。采用对句相救法，将本联对句相应位之前位即第五字该仄用平“楼”字补救。

其二，颈联出句第五字该平用仄“动”字，属仄仄脚句变格，连拗。在保证本句第三字“弦”字为平不变的前提下，采用本句自救法，将其后位即第六字该仄用平“亭”字补救。

## 路景

快列如飞去武昌，似铺美景送安阳。
秋山叠翠云涂画，夏谷描青树镂墙。
村落红白藏妇幼，小河清浅过牛羊。
隔窗一路飞诗锦，直教离人忘梓桑。

2018 年 8 月 28 日

**【平仄格式】**七律四式，首句仄起平收，仄平脚。

## 游长治赞太行高速公路

罩雾蒙纱太行猜：何方仙客卷霞来？
当年鸟道盘崖过，今日通途驾翅开。
隧道接龙穿壁去，险峰组队并肩排。
金风拂面山如画，呼啸之间到潞台①。

2020 年 9 月 26 日

【注释】①潞台，长治又名潞州，有郡府衙门高台。此处借指长治。

【平仄格式】七律四式，首句仄起平收，仄平脚。

## 游邢襄小镇

邢襄小镇商都地，傍水环山古赵州。
窑洞画廊闻战鼓，牌坊彩卷绘春秋。
绣球巧掷鸳鸯柳，凤侣轻摇舴艋舟。
古韵今风人欲醉，雕楼轿辇亦相留。

2021 年 4 月 17 日

【平仄格式】七律一式，首句平起仄收，平仄脚。

## 观高速路紫白槐花树有感

朝霞映日陋门开，高速飞驰两侧槐。
紫穗莹莹云锦舞，白花簇簇玉山裁。
一车游客凝神赏，百里仙葩列队栽。
疑是此花天上有，东风吹落世间来。

2021 年 4 月 24 日

【平仄格式】七律二式，首句平起平收，平平脚。

## 观高速路白杨树有感

高速途边耸巨杨，葱葱郁郁筑高墙。
无人修剪旁枝茂，夺主喧宾废栋梁。
早料如今隔美景，何如过去建花廊。
便得一路繁花伴，恣性怡情悦四方。

2021 年 4 月 24 日

【平仄格式】七律四式，首句仄起平收，仄平脚。

# 五、社会纵横

## 贫居童乐

都市远郊棚简陋，低薪杂户客居稠。
夜来童聚喧喧乐，笑惹猫欢处处溜。
少小安知身处困，单纯才酿意无忧。
幼时若解百年路，不晓平添多少愁。

2018 年 4 月 28 日

【平仄格式】七律三式，首句仄起仄收，仄仄脚。

ⓧ仄㊣平平仄仄，㊣平ⓧ仄仄平平。
㊣平ⓧ仄平平仄，ⓧ仄平平仄仄平。

仄仄平平平仄仄，平平仄仄仄平平。
平平仄仄平平仄，仄仄平平仄仄平。

【变格与拗救】尾联出句第五字该平用仄“百”字，属平仄脚句变格，小拗。采用对句相救法，将本联对句相应位即第五字该仄用平“多”字补救。

## 赞机械化时代农民

开天辟地今方见，万亩平原自种棉。
结队黄瓜排座次，聚流红柿组军团。
做工灵巧凭机手，遥控轻松靠仪盘。
科技能驱鬼推磨，今朝农户做神仙。

2018 年 5 月 21 日

【平仄格式】七律一式，首句平起仄收，平仄脚。

平平仄仄平平仄，仄仄平平仄仄平。
仄仄平平平仄仄，平平仄仄仄平平。
平平仄仄平平仄，仄仄平平仄仄平。
仄仄平平平仄仄，平平仄仄仄平平。

【变格与拗救】尾联出句第五字该平用仄“鬼”字，属仄仄脚句变格，连拗。在保证本句第三字“能”字为平不变的前提下，采用本句自救法，将其后位即第六字该仄用平“推”字补救。

## 夏农

树下阴凉直欲躺，目标催我顶骄阳。
才将夏麦酬学费，又向秋棉索楼房。

挥汗如流不顾热，履田似烙也平常。
但求儿女学习好，便让爹娘解郁肠。

2018 年 7 月 2 日

【平仄格式】七律三式，首句仄起仄收，仄仄脚。

## 山农抢种

湖畔石滩有碎田，山农惜雨抢播棉。
担心虫鸟成灾祸，细刨深剜绣富年。
挥汗解衣头点地，食干饮冷背朝天。
一朝种下心中愿，苦雨寒风亦坦然。

2021 年 4 月 24 日

【平仄格式】七律四式，首句仄起平收，仄平脚。

## 卫星牧牛

看中央电视台播出节目，草原牧业使用北斗卫星定位系统，牧人坐在炕头上通过手机放牧，有感而作。

小小黄牛颈戴环，卫星联网地球圈。
千顷草地随它奔，三寸机屏任我迁。
放牧炕头通四海，落胎牛崽贸多边。
奔驰马背成回忆，须看春秋历史篇。

2018 年 5 月 22 日

【平仄格式】七律四式，首句仄起平收，仄平脚。

## 视察看守所有感

青春少壮蹲看守，食宿无忧夺自由。
囹圄日行八万里，铁窗夜送满腔愁。
听虫更羡平民好，面壁常怜父母忧。
若教赎身还旧第，宁吃万苦换牢囚。

2019 年 11 月 14 日

**【平仄格式】**七律一式，首句平起仄收，平仄脚。

## 游山遇市民隐居做菜农有感（七言排律）

柳岸石屋院有篱，城中富贵隐山居。
欲炊才剪三根韭，下酒方捉两尾鱼。
喝醉东篱吟赋笑，踏低西顶枕石眯。
苍翁割草羊依犬，老妪丢粮鸟戏鸡。
细雨敲窗连梦洗，微风数纸共诗栖。
醒来忘却营营事，放弃豪华弄菜畦。

2021 年 4 月 28 日

**【平仄格式】**七言排律，前八句为七律四式，首句仄起平收，仄平脚。

## 雪映梅娇

——献给身残志坚创辉煌的师雪娇老师

不甘命运掠安康，轮椅生涯涅凤凰。
咽泪吞愁求诊路，爬楼熬苦获知堂。

教学班上输真意，幼稚园中献热肠。
试问成功谁导演，娇梅裹雪最昂扬。

2021 年 12 月 12 日

【**平仄格式**】七律二式，首句平起平收，平平脚。

### 大勇谷志波

时代青年谷志波，英俊健康，聪明勤奋。为了爱情，远离家乡三千里，来到河南安阳，与身残志坚的师雪娇老师结为连理。其事获得许多人赞叹，兹吟诗以表敬佩。

英俊聪明谷志波，择婚大勇表贤卓。
离亲远故三千里，结爱交心百岁合。
坎坷并肩轮椅女，春秋濡沫雪娇娥。
一家四口人人羡，谁见其中有舍得。

2021 年 12 月 12 日

【**平仄格式**】七律四式，首句仄起平收，仄平脚。

## 第二节　诗意生活

本节体裁为七律，共四十六首，涉及四种格律谱式，其中七律一式七首，二式十八首，三式六首，四式十五首。有一首采用了变格拗救技巧。

本节主题是个人生活。丝瓜架下飘着袅袅茶香，暮春院中坐着望归之妇，鞭炮声里诉说着除夕思女的心愿，呼啸的高铁上乘载着归心似箭的漂泊客，陈旧的楼梯间藏着岁月的温暖，漏雨的棚户中抒写着一片孝心……爱情、亲情、友情是笔者诗意生活的绵绵纽带。

## 一、岁月

### 种瓜

试种新疆板栗瓜，朝朝忐忑不出芽。
谁知绿蔓压弯架，更喜红绳系坠瓜。
老妪水勤肥碧叶，群蜂意善点黄花。
扑鼻香气撩晨醒，一院瓜荫映晚茶。

2021 年 6 月 25 日

**【平仄格式】**七律四式，首句仄起平收，仄平脚。

### 仙居

竹帘陋灶云楼顶，小院常吹北斗风。
搬下瑶池养鱼硕，偷来甘露润花红。
乘阴瓜架人声远，堆雪榆梅韵律清。
醉赏虹霞仙境美，忽闻石案手机铃。

2021 年 4 月 30 日

**【平仄格式】**七律一式，首句平起仄收，平仄脚。

(平)平(仄)仄平平仄，(仄)仄平平仄仄平。
(仄)仄(平)平平仄仄，(平)平(仄)仄仄平平。
(平)平(仄)仄平平仄，(仄)仄平平仄仄平。
(仄)仄(平)平平仄仄，(平)平(仄)仄仄平平。

**【变格与拗救】**颔联出句第五字该平用仄“养”字，属仄仄脚句变格，连拗。在保证本句第三字“瑶”字为平不变的前提下，采用本句自救法，将其后位即第六字该仄用平“鱼”字补救。

## 暮春夜院独坐思亡人

腾腾万紫入尘烟，春去楼空月已残。
牛女经年犹可盼，参商不见且同天。
鸟声花影君何在？阴地阳天妾怎安？
空倚空归空日日，将凭底事度余年？

2019 年 5 月 8 日

**【平仄格式】**七律二式，首句平起平收，平平脚。

## 人生非棋

楚河汉界拟兴衰，演绎人间大舞台。
纸上硝烟天地暗，盘中生死鬼神哀。
渔樵摇扇出奇智，童叟挥鞭展将才。
空羡棋局能反复，可惜尘世不重来。

2022 年 4 月 11 日

**【平仄格式】**七律二式，首句平起平收，平平脚。

## 落木无悲

落木窗前簌簌声，惊回香梦感枯荣。
护桃冷雨张无畏，育谷骄阳亦奋争。
坐看暮秋红万树，曾经盛夏碧千重。
功成身退约春再，黄色含金可傲青。

2019 年 11 月 10 日

【平仄格式】七律四式，首句仄起平收，仄平脚。

## 元旦抒怀

小鹊殷殷唤紫轩，方惊万众贺公年。
梅开楚汉升平气，雪送燕秦玉瑞年。
常憾古人屈陋室，欣然我辈享金銮。
当挥霜笔追夕日，不负食天履地间。

2020 年 1 月 1 日

【平仄格式】七律四式，首句仄起平收，仄平脚。

## 春节寄语

鼠春弄疫街封闭，闻鼓云楼自倚栏。
照喜灯笼城似昼，染福楹语景含丹。
千年饺子包团聚，万户躬揖礼圣贤。
小火煮诗香翰墨，大洋寄祝共新年①。

2020 年 1 月 20 日

【注释】①大洋寄祝：作者以诗的形式向生活在美国的女儿们

寄语美好祝愿。

【平仄格式】七律一式，首句平起仄收，平仄脚。

## 贴春联

万户除夕换旧符，东邻老幼热屠苏①。
女儿隔海归无计，孤妪登梯强自糊。
一溜歪斜昏眼看，三门福喜老心舒。
不求晚辈围膝转，听任八方奔仕途。

2020 年 1 月 24 日（鼠年除夕）

【注释】①屠苏：指酒。

【平仄格式】七律四式，首句仄起平收，仄平脚。

## 步春风

乍试罗衫举步轻，暖阁门外赏春容。
沿河柳坝争黄绿，夹路花坛竞紫红。
一扫心头阴冷雪，三熏眉上快哉风。
人间华夏景如画，试问谁思月桂宫①？

2022 年 3 月 22 日

【注释】①月桂宫：指嫦娥奔月的传说。

【平仄格式】七律四式，首句仄起平收，仄平脚。

## 夜旅

万村锦绣暮烟埋，高铁如飞动地开。
相向列车呼啸去，结群灯火奔将来。
地天仅剩单一色，尘世应留向善怀。
试减七情和六欲，人间何事斗黑白。

2018 年 12 月 22 日

【平仄格式】七律二式，首句平起平收，平平脚。

## 又过楼梯间

史志重书过旧楼，梯间小室锁陈愁①。
沙埋丑果欢贫女②，汗铸工农影像谋③。
见证仕途平与坎，收藏岁月爱和仇。
此间方寸闲扔地，却把吾生苦涩留。

2018 年 12 月 24 日

【注释】①“史志”二句：作者被单位返聘续写第二部《安阳县教育志》。旧楼：作者退休前工作单位。早年在此楼的二楼与三楼楼梯转弯处的楼梯间，作者曾用作洗相室（暗房），后做厨房。在此之前，这里曾经是厕所。②丑果：中秋节前后到果园只买罢园的便宜苹果，用沙土埋在此楼梯间地上，使苹果长时间不烂。在冬天缺苹果时，作者给自己的女儿一天吃一个，大人则不舍得吃。③工农影像谋：作者当年在教育局工农教育股工作，学会了照相并自己冲洗黑白照片。在楼梯间改造的暗房里，谋划出工农教育成果照片展览，在二十四个乡镇巡回展出，成为推动工作开展的重要措施之一。

【平仄格式】七律四式，首句仄起平收，仄平脚。

## 雪味

中午，我正临窗做烩菜，开窗观雪，雪花飞入锅中，让人动容，有感而作。

大年过罢意阑珊，却喜琼花蔽地天。
窗内炉红方烩菜，开轩六瓣闯锅边。
物华天宝藏神意，雪味珍馐润寿缘。
有幸人生交好运，敝衣陋室亦欢颜。

2019年2月14日

【**平仄格式**】七律二式，首句平起平收，平平脚。

## 野菠菜

早上，我步行上班途中，见路边树根周围，一簇簇野菠菜翠绿茂盛。忽忆刚结婚时，家贫，用大量野菠菜配少许鸡蛋，蛋中又加大量白面，炒拌做成所谓的鸡蛋卤，浇在手擀面条上，全家人吃得津津有味。四十年后又见此物，已然物是人非，有感而作。

早春野菜绿途边，蓦地神回四秩前。
下嫁师兄人老俊，齐肩儿女日艰难。
自掺淀粉河坡菜，强作枯春拌面餐。
物是人非烟散尽，倒留此物忆前缘。

2019年4月8日

【**平仄格式**】七律二式，首句平起平收，平平脚。

## 挖野菜

草地花坛野菜篮，锦衣贵妇笑闲谈：
贫时柳絮能活命，今日槐花为解馋。
野韭蒸包香四座，嫩荠炒肉饱三天。
穿林紫燕悄悄语：世界饥民羡慕咱。

2022 年 4 月 26 日

【平仄格式】七律四式，首句仄起平收，仄平脚。

## 牛羊相济

看同学原春云妹发《牛羊图》[①]有感而作。

早春树下青无长，牛做羊梯翠柳尝。
牛举小羊接茂叶，羊凭牛背饱饥肠。
与人为善天然性，荣辱相连自动帮。
牲畜尚能和睦处，人间底事比刀枪。

2019 年 4 月 7 日

【注释】①《牛羊图》：在作者师范同学群里，原春云发了一张网络图片，内容很是感人。图上柳树嫩芽刚黄，树下春寒锁冻，芽草未生。一老牛横卧树下，却昂首向柳枝，似乎在指挥站在它身体上的小羊如何吃到柳叶。小羊以牛为梯，伸长脖颈咬住柳叶，享受美味。这一老一少的合作与牺牲精神，让人动容。

【平仄格式】七律一式，首句平起仄收，平仄脚。

## 屋内“抗洪”

暴风雨夜，于凌晨四点清理完屋内雨水而作。

小康社会厦重重，让母华屋我住棚[①]。
棚简难堪风雨暴，鞋漂桌下顶霖铃。
水深灰斗盆盆灌，水浅毛巾把把拧。
棚下睡熟鼾响母，欣然打扫到天明。

2021 年 8 月 8 日

**【注释】**①“让母”句：作者将购买后装潢豪华的楼房让给卧床老母和伺候母亲的弟妹居住，自己则住在楼顶彩钢搭建的简易棚内。因简易棚不堪承受暴风雨而四处破漏，雨水满地。故作者只能随风雨而起居，雨来则起床收拾漏雨，雨停后才能安睡。

**【平仄格式】**七律二式，首句平起平收，平平脚。

# 二、亲情

## 异国中秋月

驱雾夺星自灿然，疑为红日戴纱还。
漂洋万里为今夜[①]，相聚无间是血缘。
美酒当输亲密醉，珍馐不比喜欢甜。
异国依旧中秋月，母女依偎话往年。

2018 年 9 月 24 日

【注释】①“漂洋”句：作者万里重洋去美国，就是为了与女儿们一起过一个中秋夜。

【平仄格式】七律四式，首句仄起平收，仄平脚。

## 赠女儿欣欣

寒窗故里二十年，雁塔题名耀祖颜。
桑梓井甜沧海水，炎黄气壮大洋天。
胸中宇宙因才小，眼里寰球为智宽。
进取异国思反哺，莫由厚禄淡家园。

2018 年 12 月 16 日

【平仄格式】七律二式，首句平起平收，平平脚。

## 为母泡脚

双腿呈钩卧断床，残肢硬骨脚皴僵。
难得泡脚长经月，不敢要求子女忙。
温水数盆舒母体，鳞皮全退感吾肠。
失职儿女当惭愧，跪向床头伺老娘。

2018 年 5 月 22 日

【平仄格式】七律四式，首句仄起平收，仄平脚。

## 医院茕茕影

寒冬里，我在医院一个人做检查，看见病人们有的儿女簇拥，有的夫妻相伴，很是动容，而自己却孤独又无助，遂有感而作。

诗书相伴乐融融，看病方知我影茕。
相护相搀濡沫伴，又抬又送子孙情。
有福桃李花开落，自立寒松四季青。
遥祝女儿国外顺，孤独好助健康行。

2018 年 12 月 31 日

【平仄格式】七律二式，首句平起平收，平平脚。

## 送外甥女远嫁深山

驱车鸟道九十盘，路尽峰合到嫁峦。
鼓响涛鸣山郁郁，民拥犬吠寨喧喧。
炮鞭喜溢石梯路，红盖香飘峭壁岚。
试问都城时尚女，渔樵歌里梦当酣？

2020 年 8 月 8 日

【平仄格式】七律二式，首句平起平收，平平脚。

## 清明

车滚清明路覆尘，纸钱满载向荒坟。
平原袅袅烟千里，今古绵绵敬寸心。
枯草不荣新土盖，苍天未雨泪倾盆。
感恩伦理当传后，祭奠何须问富贫。

2019 年 4 月 5 日

【平仄格式】七律四式，首句仄起平收，仄平脚。

## 祭先祖

相延血脉铸吾身，垄墓青烟报祖恩。
学道春秋怀嘱语，仕途风雨念慈音。
彰功碑上光宗祖，点将台前耀子孙。
华夏清明千万岁，坟前尽是拜根人。

2022 年 4 月 5 日

【平仄格式】七律二式，首句平起平收，平平脚。

## 寄哀思

谁道阴阳难见面，其实永远在心田。
月华还映青丝梦，日影犹藏紫玉簪。
四季轩窗吹旧雨，三餐茶饭袅陈烟。
清明又洒潇湘泪，过尽征鸿无信传。

2022 年 4 月 5 日

【平仄格式】七律三式，首句仄起仄收，仄仄脚。

## 归来声

悄悄帘外起东风，花绽芽抽冻渐融。
雪上新留鸿雁迹，梦边刚挂旧人容。
早知物各生存态，不信魂归灭影踪。
春雨春雷春处处，疑为逝者复归声。

2019 年 4 月 28 日

【平仄格式】七律二式，首句平起平收，平平脚。

## 谷雨种丝瓜怀念亡人

去秋留恋迟收蔓，相许今春谷雨天。
岁岁种瓜瓜复至，年年织梦梦难圆。
愿播情泪三千亩，收获伊人半面缘。
且视今瓜为汝返，朝朝暮暮守秧前。

2021 年 4 月 19 日

【平仄格式】七律一式，首句平起仄收，平仄脚。

# 三、友情

## 贺《诗海初渡》面世赠符进朝[①]

寒沙吹尽见真金，骐骥嘶晨不老心。
喜祝文坛添巨手，可欣古邺有杰人。
进朝总奏音符响[②]，开卷方知笔底深。
诗海扬帆初渡好，以前佳绩世多闻。

2018 年 5 月 29 日

【注释】①符进朝：作者师范同学。②“进朝”句：本句组成所贺对象《诗海初渡》作者姓名“符进朝”。

【平仄格式】七律二式，首句平起平收，平平脚。

## 贺符进朝《东篱诗语》面世

入仕功成耀故乡，东篱诗语再添芳。
千般情愫容书卷，几度才华润翰章。
笔走新词摇五岳，墨生古韵笑三江。
追风老骥休言晚，我道桑榆亦栋梁。

2021 年 6 月 28 日

【平仄格式】七律四式，首句仄起平收，仄平脚。

## 贺木易[①]诗集问世

读就诗集惊木易，先生赠我字珠玑。
妙思绘画花含笑，挚语抒情雨亦啼。
绝律华章承古圣，家国大义续今奇。
新星乍起人当悟，成败何关日早夕。

2022 年 5 月 17 日

【注释】①木易：作者诗友杨富生网名。

【平仄格式】七律三式，首句仄起仄收，仄仄脚。

## 诗友聚宴感怀

雪停玉柱挂屋檐，冷气蒙蒙冻地寒。
文友相邀情切切，冰途赴宴意虔虔。
觥筹交错移星月，词赋研析道苦甘。
一面才知相见晚，艰辛不负会诗贤。

2021 年 12 月 24 日

【平仄格式】七律二式，首句平起平收，平平脚。

## 桃李芬芳书社诗词沙龙有感

沙龙桃李溢芬芳，书社新华替旧章①。
竹里雕楼茶有味，诗中才俊齿余香。
疫情阻断游春路，雅兴推开探韵堂。
共醉中华辞赋梦，一轮皎月照流觞。

2022 年 5 月 21 日

【注释】①首联嵌“李新华桃李芬芳书社沙龙”之意。李新华是书社主办者，也是安阳县实验中学党支部书记。

【平仄格式】七律二式，首句平起平收，平平脚。

## 访内黄某双语幼儿园

碧野秋风向内黄，稚园国里枣飘香。
格局独特皇家气，思路新奇孔孟纲。
英汉双馨增睿智，教研多彩竞芬芳。
卫津欲问谁家好，不负真功育凤凰。

2020 年 8 月 9 日

【平仄格式】七律四式，首句仄起平收，仄平脚。

## 访彰德实验中学

结伴驱车暑气蒸，寻贤鄣邓慕嘉名。
田园翠柏藏国寺①，庠序红墙隐众星。

常以真诚调惰劣，每凭睿智醒愚蒙。
门前络绎非权重，为有心灯照锦程[②]。

2019 年 7 月 2 日

【注释】①国寺：指护国禅寺，位于今安阳县曲沟镇鄣邓村。相传此处始为周朝时鄣国太子邓的行宫。②心灯：指彰德实验中学的教育理念：教育关键在培育学生心灵，让国学之光点亮学生“心灯”，成就人生梦想。

【平仄格式】七律四式，首句仄起平收，仄平脚。

## 咏易商谷[①]

易商谷润网城兴，扛鼎中华骏马腾。
物产能源资创谷，云仓商务破鸿蒙。
网联孵化全生态，梦筑革新马永平[②]。
大浪淘沙留历史，弄潮胜手善争雄。

2022 年 5 月 13 日

【注释】①易商谷：河南安阳一家科技城。②马永平：易商谷总经理。

【平仄格式】七律二式，首句平起平收，平平脚。

## 元旦贺洹风诗会成立两周年

洹风两岁新年庆，众擘推诚进贵言。
曲水流觞集雅趣，金杯溢酒话新篇。
临风诵韵珠玑落，望月吟诗锦绣环。
邺下从来多慧俊，风流今日看诗坛。

2021 年 1 月 1 日

**【平仄格式】**七律一式，首句平起仄收，平仄脚。

## 贺建安诗社联谊会

建安同道集天悦①，星落安阳夜未眠。
歌卷长风辞旧月，诗调美酒贺新年。
文承汉魏三曹骨，笔颂当今四海贤。
词赋累牍书比案②，蓬莱弟子几多仙？

2020 年 1 月 10 日

**【注释】**①天悦：酒店名。②书比案：指各自抱去自己的诗词书籍互相赠送。

**【平仄格式】**七律一式，首句平起仄收，平仄脚。

## 贺《洹风诗刊》创刊

燕子敲窗衔喜讯，洹风问世杏坛新。
一刊风骨铮铮气，百首华章切切心。
翰继殷商扛鼎志，文承汉魏建安神。
书中潋滟诗边柳，尽是洹群笔下春。

2020 年 3 月 21 日

**【平仄格式】**七律三式，首句仄起仄收，仄仄脚。

## 贺安阳女子诗社成立

殷商帝苑响新雷，女子诗坛立始碑。
翰墨焉能趋富贵，红颜何处让须眉。

荷塘径外裙钗舞，亭榭檐间喜笑追。
夏绿不输春色艳，洹园处处竞芳菲。

2020 年 6 月 3 日

【平仄格式】七律二式，首句平起平收，平平脚。

## 重阳节活动有感

退隐殊觉领导贤，重阳岁岁聚菊前。
杜庄留影惜迟暮，名校观奇叹旧年。
默契无关颜有皱，相知何惧步蹒跚。
不求衣锦食珍味，但望年年话故缘。

2021 年 10 月 12 日

【平仄格式】七律四式，首句仄起平收，仄平脚。

## 答好峰①

分离骨肉难谋面，却喜即将过海关。
故土井甜虽不舍，隔洋女盼日终牵。
聊分忧喜诗八句，好借阴晴赋百篇。
感谢同窗多祝福，乘风万里入云天。

2018 年 8 月 28 日

【注释】①好峰，即王好峰，作者师范同学。王好峰致作者诗：“隐居多日未谋面，欣悉兼程向海关。洹水故土家难舍，大洋彼岸情又牵。探亲路上吟律句，提笔行间设机关。群里同窗齐祝福，一路欢笑赏云天。”作者此诗作于去美国途径的武汉。

【平仄格式】七律一式，首句平起仄收，平仄脚。

## 赠恩师晁宪①

负笈高中正少年，只今相聚已蹒跚。
每思剥茧抽丝苦，宁忘攒花酿蜜甜。
学富五车风两袖，才高八斗弟三千②。
同窗把酒频添寿，笃信今时有古贤。

2018 年 12 月 5 日

【注释】①晁宪：作者高中班主任、语文老师。②弟三千：指弟子或学生众多。

【平仄格式】七律四式，首句仄起平收，仄平脚。

## 访赵文龙先生与王汝海教授

秋色镶金县前巷，木屋黄卷玉帘香。
红炉煮酒析文史，墨案斟茶论汉唐。
受教五车庵主辩①，愧登八斗赵师堂②。
高山流水忘年聚③，老骥嘶风歌未央。

2020 年 11 月 8 日

【注释】①庵主，指王汝海教授，网名庵主。②赵师，指赵文龙先生。③忘年：即忘年交，指作者与两位先生年龄差别较大，却很能谈得来，故此借用“忘年”二字。赵文龙答作者之曲：“［北中吕·混江龙］不压鬓，不涂赪，眉宇飞机灵。话不急，语音平，启唇笑先萦。衣不奇，装不名，落落显娉婷。求知书山不停步，爬格俯案挑夜灯。《啄泥》华章洹畔吟，疑似清照又复生。”

【平仄格式】七律三式，首句仄起仄收，仄仄脚。

仄仄平平平仄仄，平平仄仄仄平平。
平平仄仄平平仄，仄仄平平仄仄平。

Ⓧ仄㊥平平仄仄，㊥平Ⓧ仄仄平平。
㊥平Ⓧ仄平平仄，Ⓧ仄平平仄仄平。

【变格与拗救】其一，首联出句第五字该平用仄“县”字，属仄仄脚句变格，连拗。在保证本句第三字“镶”字为平不变的前提下，采用本句自救法，将其后位即第六字该仄用平“前”字补救。此处“县前巷”是街道名，不宜拆开，故采用拗救之法。其二，尾联出句第五字该平用仄“忘”字，属平仄脚句变格，小拗。采用对句相救法，将本联对句相应位即第五字该仄用平“歌”字补救。

## 姐妹重逢感怀①

四十二载一挥间，已退青丝老秀颜。
都把青春摘月志，化为儿女揽星船。
当年土炕闻私语，今日雕窗话过烟。
紫染葡萄约再会，罗裙浸泪转身难。

2022 年 6 月 19 日

【注释】①指作者师范毕业四十二年后与同学曹玉芬、原春云相聚。

【平仄格式】七律二式，首句平起平收，平平脚。

## 喜客①

寂寂庭前喧笑起，恹恹病母绽枯容。
鹊鸣榴上添茶色，风过檐边溢酒浓。
岁月还增白首谊，春秋不减少时情。

共读两载结生死，最是同窗淡富穷。

2019年3月2日

【注释】①作者高中同班同学七八人来她家看望其卧床老母，作者以茶酒招待。

【平仄格式】七律三式，首句仄起仄收，仄仄脚。

## 悼同学卖菜者（二首）

在菜市场巧遇卖菜者为我四十四年前高中同班同学康天旺，同学热情赠送白菜。结果一月后却闻同学脑出血去世，很是感慨，提笔作诗两首。

### 其一

相识岁月入高中，偶遇闻君叫卖声。
上下课堂都起坐，进出学校共听钟。
四十四载风霜后，买卖双方殊不同。
莫道今朝优劣见，当年考试要真功。

2018年12月14日

【平仄格式】七律二式，首句平起平收，平平脚。

### 其二

邂逅惊呼于菜场①，四十四夏各一方②。
热心赠我农田菜，经月忽闻赴鬼乡③。
桌上日鲜冬雪味④，路边不见种芹郎⑤。
奈何生死无常定，但愿平时重健康。

2019年1月28日

【注释】①“邂逅”句：作者与同学康天旺在菜市场偶遇。②四十四夏：指四十四年，各自忙于生计，没有见过面。③作者花甲之年刚刚在菜市场认出老同学，惊喜相见。不料一个月之后，却听说他因脑出血去世，感慨万千。④“桌上”句：餐桌上还吃着这位同学赠送的鲜白菜，而他却已经不在人间。⑤“种芹郎”：指康天旺。

【平仄格式】七律三式，首句仄起仄收，仄仄脚。

## 第三节 咏叹自然

本节体裁为七律，共三十九首，涉及五种格律谱式，其中七言排律一首，七律一式十三首，二式十二首，三式四首，四式九首。有四首采用了变格拗救技巧。

本节主题是咏叹自然。在我看来，春夏秋的雨有着不同的品性，霜露风雪展现着别样的情趣；小草有倔强的个性，迎春花有夺魁的秘诀，还有海棠、石楠、国槐、楝树，即使是蛙与蝉，一个个都是会说话的生命，承载着人世间的抗争与懦弱、坎坷与喜悦。

# 一、气候

## 春雨

无声无色悄悄润，漫洒花红草绿春。
雷电未来天地换，风霜不到树禾新。
果甜误被西风霸，芽绿原归细雨恩。
一旦蛰开龙虎跃，气清尘净洗人心。

2022 年 3 月 20 日

**【平仄格式】**七律一式，首句平起仄收，平仄脚。

## 春雹夜

春夜狂风暴雨加冰雹，有感而作。

谁说春雨润无声？雷电狂风肆意行。
何故冰雹携暴雨，来欺初醒嫩春容。
千绦弱柳昂空啸，万树娇花对雨挣。
料想明朝群鹊叫，定为哭泣地铺红。

2019 年 4 月 24 日

**【平仄格式】**七律二式，首句平起平收，平平脚。

## 天变

清明之日天奇暖，正找单衣又转寒。
抱臂缩肩风里走，恨于陌路敝篷钻。
人生坎坷皆如此，事业艰难莫怨天。
随意上苍忽冷暖，自磨定力亦坦然。

2020 年 4 月 8 日

【平仄格式】七律一式，首句平起仄收，平仄脚。

## 立夏雨中小院

立夏狂风接细雨，浓荫小院洗新奇。
榴花滚露红珠冠，蜜果流丝碧玉衣。
瓜豆姜芽馋鸟聚，葡萄米穗逗蜂栖。
风停雨住依石案，袅袅茶香满陋居。

2022 年 5 月 9 日

【平仄格式】七律三式，首句仄起仄收，仄仄脚。

## 夜观暴雨

为赋新诗强作愁，忽闻暴雨带雷流。
冰雹满地人何处，车卧平涛路已休。
残树枝头巢欲碎，山洪声里蚁焉留。
人间多难观窗外，莫向书中索隐忧。

2020 年 6 月 24 日

【平仄格式】七律四式，首句仄起平收，仄平脚。

## 夏夜暴风雨

连旬酷热似煎油，田裂禾蔫烤路愁。
一阵狂风摧树倒，三川暴雨漫河流。
雷声震地楼摇坠，闪电撕天夜碎揉。
雨卷恰如千马过，雨歇灯火万家幽。

2022 年 6 月 22 日

【平仄格式】七律二式，首句平起平收，平平脚。

## 赏雨

正值大暑人难耐，午醒忽听骤雨来。
坐赏门前鲜满院，丝瓜梅豆紫榴开。
幼年陋巷漂花雨，今日云楼寂寞怀。
戏水嬉欢都远去，隔帘静看雨斜筛。

2019 年 7 月 20 日

【平仄格式】七律一式，首句平起仄收，平仄脚。

## 晨露

尚怀梦里著书忧，迎面花尖挂露柔。
四季风光都惬意，一生何事总烦愁。
低风和雾沉沉夏，暑气掺凉爽爽秋。
晨露轻收调水饮，生机一点快心头。

2019 年 8 月 6 日

【平仄格式】七律二式，首句平起平收，平平脚。

## 立秋

未进三伏秋已到，苍生顿觉远煎熬。
气干汗落衣宽爽，热减眉舒气傲娇。
树下乘凉风满袖，路边问果扇轻摇。
拂肩枝上蝉音弱，万物更妆换旧袍。

2018 年 8 月 7 日

**【平仄格式】**七律三式，首句仄起仄收，仄仄脚。

## 秋雨（三首）

### 其一

暴雨刚为秋立降，顿消酷热送风凉。
月前摇扇人徐去，壁上空调噪渐藏。
榴籽沉沉皮转紫，桃枝瑟瑟叶将黄。
自然总被风霜改，唯有真情岁月长。

2018 年 8 月 23 日

**【平仄格式】**七律三式，首句仄起仄收，仄仄脚。

### 其二

淅淅敲碎簪花梦[①]，满院黄蝶舞落英。
寒动篱边菊更艳，雨滴池上藕初成。
声催墨客千重怨，魂染江天万里红。
岁岁忙于妆绿去，却陪白雪度长冬。

2020 年 10 月 24 日

【注释】①簪花：作者在童年、少女时期常常发梳小辫，头上簪花，此处寓意梦中的少年快乐。

【平仄格式】七律一式，首句平起仄收，平仄脚。

## 其三

深秋细雨多收敛，披戴西风裹露寒。
簌簌声悲骚客绪，萧萧冷动怨闺颜。
须知入土积花韵，却看生机绿麦原。
一洗心头三世恨，谁说秋雨爱缠绵。

2019 年 11 月 18 日

【平仄格式】七律一式，首句平起仄收，平仄脚。

# 咏雪（三首）

## 其一　辩雪

东晋谢家佳话传[①]，雪飘比絮世称贤。
惊临今日簌簌雪，忽忆他年滚滚天。
小粒如沙风灌隙，大颗盐撒雾遮山。
苍天造雪原多样，道蕴邀名胜桂兰[②]。

2018 年 12 月 27 日

【注释】①谢家佳话：谢家是东晋的大家族，谢安是当时的太傅、政治家、名士。在一个冬雪纷飞的日子，谢安将晚辈们集中在家里讨论诗作，他指着窗外纷纷扬扬的大雪问：“这雪纷纷扬扬像什么呢？”他的侄子谢朗说：“撒盐空中差可拟。”侄女谢道韫却说：“未若柳絮因风起。”谢安很赏识谢道韫的比喻。②道蕴：谢道韫，因为“未若柳絮因风起”对下大雪的巧妙而形象的比喻，其才名胜过谢家子弟们。桂兰：是桂树和木兰的合称。成语“兰桂齐芳”比喻子孙后代个个成才，功名有成，同获荣华富贵。本句意谓作为谢家女子的谢道韫声名胜过谢家的男性子弟。

**【平仄格式】**七律四式，首句仄起平收，仄平脚。

仄仄平平仄仄平，平平仄仄仄平平。
平平仄仄平平仄，仄仄平平仄仄平。
仄仄平平平仄仄，平平仄仄仄平平。
平平仄仄平平仄，仄仄平平仄仄平。

**【变格与拗救】**首联出句第三字该平用仄“谢”字，属仄平脚句变格，孤平拗，必救。采用本句自救法，将其后隔一字位即第五字该仄用平“佳”字补救。

## 其二　雪君子

抱定洁白不斗春，千秋笔下雪为君。
梅花枝上吉祥画，青麦田头富裕音。
虎岁蛇年仍本色，晶沙银絮俱冰心。
严冬一舞喧嚣静，玉宇清柔万里新。

2021 年 12 月 31 日

**【平仄格式】**七律四式，首句仄起平收，仄平脚。

## 其三　雪运

一早将醒时，梦家院中小树头堆堆白雪，惊喜，疑是梦中。醒来隔窗外望，果见一雪江山！大喜，果如梦中景！珍视一地白雪，怕日暖雪化不见踪影，于是，冒滑倒之险，踩雪冰之上，慢慢收拾起如琼似脂的积雪，堆于小院花池中、树根边。有感而作此诗。

无缘日下婆娑景，唯与冰寒做友朋。
拒远雷霆择肃静，借得白羽近西风。
拥梅抱麦堪当慰，入秽出泥亦可容。
落溷飘茵终不改①，留得万世圣洁名。

2019 年 2 月 16 日

【注释】①落溷飘茵："飘茵落溷"的颠倒使用。茵，指坐垫；溷，指厕所。意即花瓣随风飘落，有的飘落在茵席上，有的飘落在厕所里。比喻富贵贫贱取决于偶然的机缘，并不是由先天决定的。此句歌颂雪无论飘落在茵席还是厕所，终不改它的贞洁本性。

【平仄格式】七律一式，首句平起仄收，平仄脚。

## 二、植物

### 咏草（二首）

#### 其一　小草

生生世世遭谪贬，打入田头岸壑边。
输掉正堂肥沃地，赢得在野寿华年。
山巅石缝迎风笑，火下刀边伴雨闲。
人若学来青草志，何愁困苦与艰难。

2021 年 4 月 23 日

【平仄格式】七律一式，首句平起仄收，平仄脚。

### 其二　草根

人羡草科生命旺，镰割火烤复昂扬。
谁知底蕴藏棵下，芽寸之根有丈长。
莫恨考分不佑我，休嫌事业助邻昌。
皇天从不辜勤奋，失败多缘懒惰伤。

2021 年 7 月 13 日

**【平仄格式】**七律三式，首句仄起仄收，仄仄脚。

## 咏家院迎春花（二首）

### 其一

东风刚过树巅来，墙内迎春已笑开。
妒艳桃梨羞瘦体，出巢燕鹊闹花台。
黄金万点倾心染，碧络千条用意裁。
试问此君夺冠诀，却说雪里早安排。

2022 年 2 月 27 日

**【平仄格式】**七律二式，首句平起平收，平平脚。

### 其二

东风才画柳眉妆，首绽迎春笑嫩黄。
碧络绦绦传暖意，金英点点送幽香。
骚人浇水裁诗韵，燕子啄枝筑洞房。
雪里曾疑花萼早，方知夺冠趁冬阳。

2022 年 3 月 12 日

**【平仄格式】**七律二式，首句平起平收，平平脚。

## 咏海棠

雨后流霞染海棠，桃输红腻杏输香。
娇羞犹似环妃醉，浓艳一如玉女妆。
籽落不嫌贫壑土，花开岂媚富家堂。
年年送我胭脂梦，好助孤窗润翰章。

2022 年 3 月 30 日

**【平仄格式】**七律二式，首句平起平收，平平脚。

## 石楠花

石楠花于四月上中旬盛开。观安阳市人民大道中间几公里长绵延不断的石楠花，如雪如棉，甚是壮观，有感而作。

东风常娶胭脂面，今日新婚哪位仙？
洁写白冠十里雪，香融紫气万家烟。
纤纤弱弱微如豆，簇簇团团大似盘。
拣个清高压百卉，春花一冠敬石楠。

2021 年 4 月 22 日

**【平仄格式】**七律一式，首句平起仄收，平仄脚。

## 国槐

地蒸日烤热难挨，最喜国槐碧伞开。
无媚小花颜淡绿，谦虚青果密垂排。

清香解暑熬长夏，黑籽充饥待鸟来。
簇簇累累花并果，翠荫满路倩谁裁？

2018 年 8 月 22 日

【平仄格式】七律二式，首句平起平收，平平脚。

## 楝籽满树金

结缘楝树许终身，盛夏遮出满路荫。
伴叶陪花风共雨，经霜历雪雾和云。
任他春树争红艳，抱定穷枝献赤心。
为等新芽熬料峭，累累灿灿似黄金。

2021 年 4 月 2 日

【平仄格式】七律二式，首句平起平收，平平脚。

## 咏楝花（七言排律）

千芳消尽艳阑珊，孟夏楝开碧翠间。
花避春光先茂叶，果留冬韵后开颜。
籽黄叶碧托轻紫，车涌人流赏彩烟。
花伴清风一路落，光梳紫雨满头鲜。
一朝雷电威风过，两路花铺袅紫烟[①]。
步踏花绒心颤抖，远观花路眼何堪。
如梅馨气香尤切，似雪姿容色更妍。
无事偏偏行楝下，为嚼花品有忠谦。

2019 年 5 月 18 日

【注释】①“两路”句：楝树栽在大路两边，风停雨过后，紫花铺满大路两边的人行道。

【平仄格式】七言排律，前八句为七律二式，首句平起平收，平平脚。

## 咏柳

万物萧条料峭时，东风染绿第一枝。
任人鄙视飞天絮，我自钟情落地丝。
弄夏清河描画意，送春古道寄归思。
谦虚不与红争宠，总在花边写和诗。

2020 年 5 月 10 日

【平仄格式】七律四式，首句仄起平收，仄平脚。

## 雨中丁香花

白雾淹城雨倒盆，隔帘急坏种花人。
丁香倒卧匍匐泣，绿蒂红花满地纷。
往日迎霞娇艳艳，而今沐水影沉沉。
明朝又是骄阳烤，谁料为花亦苦身。

2021 年 7 月 11 日

【平仄格式】七律四式，首句仄起平收，仄平脚。

## 摘杏（二首）

### 其一

久闻凤岭贡佳园[①]，不信皇家赏杏馋。

果肉叠金欢雅客，浓汁流蜜醉歌仙。
追风笑语情千种，映树红裙画万般。
至此休疑大岷杏，人间宠辱有因缘。

2020 年 6 月 13 日

**【注释】**①贡佳园：安阳县马投涧（今安阳市龙安区）凤凰岭的大岷杏子是古代专门供应皇家的，所以此处的杏林称为贡园。

**【平仄格式】**七律二式，首句平起平收，平平脚。

平平仄仄仄平平，仄仄平平仄仄平。
仄仄平平平仄仄，平平仄仄仄平平。
平平仄仄平平仄，仄仄平平仄仄平。
仄仄平平平仄仄，平平仄仄仄平平。

**【变格与拗救】**尾联出句第五字该平用仄“大”字，属仄仄脚句变格，连拗。在保证本句第三字“休”字为平不变的前提下，采用本句自救法，将其后位即第六字该仄用平“岷”字补救。

## 其二

凤凰岭上雨蒙蒙，骚客衣湿贡杏情。
爬树高登身未老，提篮满载趣犹浓。
晶莹金肉甜汁溢，烂漫红香皓齿凝。
难怪皇家钟此物，大岷沃土长甘琼。

2022 年 6 月 16 日

**【平仄格式】**七律二式，首句平起平收，平平脚。

## 油菜

始播霜土为谁迟①？芽展西风正劲时②。

冰下枯荷藏玉体，雪中油菜放骄姿。
繁星作伴织寒梦，黑夜相拥酿翠诗。
待到南枝红欲绽，黄花遍地报春知[③]。

2018 年 12 月 18 日

【注释】①“始播”句：油菜播种时已经是深秋土上蒙霜之时。②“芽展”句：油菜芽苗出土时已经是落叶深秋，西风正劲时。③报春知：刚刚初春，万物正在复苏时，油菜就花开遍地黄了。

【平仄格式】七律二式，首句平起平收，平平脚。

## 夏紫薇

莫说夏日叶为魁，却看全城绽紫薇。
惧热百芳娇宠退，此花独舞艳阳辉。
团团织就云罗锦，簇簇能扛盛夏威。
情比南山石上竹，勇堪北域雪中梅。

2018 年 7 月 3 日

【平仄格式】七律二式，首句平起平收，平平脚。

## 枸杞红了

枸杞隔窗绿雅诗，东风料峭第一枝。
紫花蝶舞霞升早，红果鸦勤日落迟。
春叶秋实添我味，晨锄暮水护君姿。
谁知大雪压枝日，正是卧薪尝胆时。

2020 年 11 月 2 日

【平仄格式】七律四式，首句仄起平收，仄平脚。

仄仄平平仄仄平，平平仄仄仄平平。
平平仄仄平平仄，仄仄平平仄仄平。
仄仄平平平仄仄，平平仄仄仄平平。
平平仄仄平平仄，仄仄平平仄仄平。

**【变格与拗救】**尾联对句第三字该平用仄“卧”字，属仄平脚句变格，孤平拗，必救。采用本句自救法，将其后隔一字位即第五字该仄用平“藏”字补救。

## 荷品

染缸谁见有白绵？浊水污泥敬藕莲。
花粉蓬青迎夏雨，品贤骨傲沐秋岚。
蛙陪塘底纯洁子，蝶恋波中妩媚仙。
人若取荷贞净志，焉愁社会不清廉。

2022 年 6 月 17 日

**【平仄格式】**七律二式，首句平起平收，平平脚。

## 赏初夏葡萄感怀

一院葡萄郁郁生，啾啾灰鹊架间鸣。
米花万籽风吹落，碧叶千丛雨碾平。
疏果窗前摇谢意，清香帘内送温情。
心期串串甘甜紫，把酒中秋月影轻。

2022 年 5 月 27 日

**【平仄格式】**七律四式，首句仄起平收，仄平脚。

## 悬崖一枝花[1]

壁立悬崖百丈峰，遥观几叶衬花红。
安身仅靠根一线，托命全凭麓九重。
静洗凡庸迎暴雨，坐拥灿烂笑狂风。
修得天地无双秀，不羡平原万紫同。

2022 年 7 月 18 日

【注释】①此为题图诗，图上是几片绿叶托着两朵小红花开在没有其他生命出现的悬崖峭壁上，透着一股生机盎然与勇敢坚韧，让人为之动容。

【平仄格式】七律四式，首句仄起平收，仄平脚。

## 重阳咏菊

江南塞北重阳日，菊舞西风漫卷诗。
祭祖堂前香晚辈，登临宴后醉相知。
魂牵墨客高洁梦，骨傲文人隐逸痴。
群艳萧萧凋碧露，黄花却到斗霜时。

2019 年 10 月 12 日

【平仄格式】七律一式，首句平起仄收，平仄脚。

## 忍割梅豆藤

颤颤镰刀向细藤，秋凋黄叶落无声。
迎霜曲梗勤劳志，挂露空枝硕果情。

曾撒娇花一院紫，还结扁豆满蓬青。
感君佐我吟诗酒，抱进柴屋避雪冬。

2020 年 10 月 3 日

【平仄格式】七律四式，首句仄起平收，仄平脚。

## 三、动物

### 燕子归来

东风鼓动驾乌衣，结对青田弄燕泥。
冬去犹携新友谊，春回仍到故人居。
檐低不碍三秋暖，巢小能凭百代栖。
莫道鸿鹄天地大，恋贫紫燕世间稀。

2022 年 3 月 27 日

【平仄格式】七律二式，首句平起平收，平平脚。

### 咏蝉

数年隐忍藏泥土，历雪熬寒夏夜出。
破甲重生脱苦难，一鸣惊世傲三伏。
拒绝烟火嚼风长，唱尽清高饮露卒。
畎亩微躯能望远，娇歌十里笑耕犊。

2022 年 6 月 23 日

【平仄格式】七律一式，首句平起仄收，平仄脚。

## 梦蛙

不争显贵住泥中，火热水深肤自青。
怒目直盯阴暗事，张胸专化害禾虫。
晨昏不辍鼓丰岁，风雨无歇鸣大公。
乡野童年塘岸乐，云楼今日梦蛙声。

2020 年 6 月 30 日

【平仄格式】七律二式，首句平起平收，平平脚。

(平)平(仄)仄仄平平，(仄)仄平平仄仄平。
(仄)仄(平)平平仄仄，(平)平(仄)仄仄平平。
(平)平(仄)仄平平仄，(仄)仄平平仄仄平。
(仄)仄(平)平平仄仄，(平)平(仄)仄仄平平。

【变格与拗救】其一，首联对句“仄平脚”句第五字该仄用平“肤”字，当此变格未承担拗救任务时，属于仄拗，格律许可，无需也无法拗救。其二，颈联出句第五字该平用仄“鼓”字，属平仄脚句变格，小拗。采用对句相救法，将本联对句相应位即第五字该仄用平“鸣”字补救。

# 第四章　词

本章体裁为词，共六十三首，用了二十五个词牌：《东风第一枝》《渔家傲》《蝶恋花》《满江红》《忆江南》《浪淘沙》《浣溪沙》《摊破浣溪沙》《临江仙》《望海潮》《南乡子》《谒金门》《鹧鸪天》《如梦令》《苏幕遮》《清平乐》《长相思》《相见欢》《一斛珠》《天仙子》《一剪梅》《卜算子》《西江月》《行香子》《金缕曲》等。

本章对每一种词牌的产生渊源与别名、写作要求进行阐述，并写出该词谱格式，注明该词所依据词谱的来源。

本章内容分为三节，包括三大方面：一是社会与国家层面，二是个人生活与情感，三是咏叹自然。

## 第一节　关注社会

本节体裁为词，共十九首，使用了十种词谱格式《东风第一枝》《渔家傲》《蝶恋花》《满江红》《忆江南》《浪淘沙》《临江仙》《望海潮》《南乡子》《谒金门》等。

本节主题是关注社会。歌咏了红军草地英魂、社会主义制度的优越性、新农村新面貌、中国传统节日文化春节与元宵，描写了历史遗迹的辉煌、现代河山的美丽，赞美了抗疫前线的医护英雄。词中散发着浓烈的爱国气息。

## 东风第一枝·祭红军草地英魂

——庆祝中国共产党成立100周年

踏浪金沙，征服雪域，茫茫草地焉慑？浩泽雾卷冰雹，薄衣病携饥饿。飞来横雪，风雨骤、河吞人没。感草甸难载英姿[①]，泥沼不沉红色[②]。

魂灿灿，血旗举火。神熠熠，铁军铲恶。扫倭灭蒋扬歌，建国立民挽拆。江山旖旎，念先烈、永铭青册。复兴梦、今日征程，共舞草泽仙鹤[③]。

2021年3月21日

**【注释】**①“感草甸”句：许多红军战士陷入草泽，命殒泥潭。②“泥沼”句：红军长征的革命精神不会陨落泥沼，而是发扬光大。③草泽仙鹤：比喻当年牺牲在雪山草地长征路上的红军战士。

**【谱式】**《东风第一枝》，词牌名。又名《琼林第一枝》。“东风”即春风，“第一枝”指梅花，有梅为花魁之说。此词牌开始于咏梅题材，后题材渐广。此词牌双调一百字，上片四仄韵，下片五仄韵。本词采用《白香词谱》录元朝张翥词《忆梅》之谱式：

仄仄平平，平平仄仄，平平仄仄平仄△。仄平仄仄平平，(平)平仄平(平)仄△。平平(平)仄，(平)(平)仄、(仄)平平仄△。仄仄(平)(平)仄平平，(平)仄仄平平仄△。

平仄仄，仄平仄仄△。平仄仄，仄平仄仄△。仄平仄仄平平，(仄)平仄平(仄)仄△，平平(仄)仄，(仄)(仄)仄、(仄)平平仄△。仄平(仄)、(平)仄平平，(仄)仄仄平平仄△。

## 渔家傲·阅农村巨变贺建党百年

游罢山川回故土，重楼迷我娘家路。别墅门前识枣树。惊叔祖，床头遥控浇粱粟。

漫道汉朝文景富，中华今日超千古。侄辈鼓敲村社舞。花满户，好家乡野闲居处。

2021 年 6 月 1 日

**【谱式】**《渔家傲》，词牌名。又名《水鼓子》《荆溪咏》《渔父咏》《吴门柳》《神仙咏》等。此词牌双调六十二字，上下片各五句，五仄韵，上下片句式、格律均相同。此词牌开始主要以描写渔家生活为题材，从宋范仲淹始取材于边塞生活。本词采用《白香词谱》录宋朝范仲淹词《秋思》之谱式：

(仄)仄(平)平平仄仄△，(平)平(仄)仄平平仄△。(仄)仄(平)平平仄仄△，平(仄)仄△，(平)平(仄)仄平平仄△。

(仄)仄(平)平平仄仄△，(平)平(仄)仄平平仄△。(仄)仄(平)平平仄仄△，平(仄)仄△，(平)平(仄)仄平平仄△。

## 蝶恋花·国庆

国庆中秋同日宴，双喜临门，朝野花开遍。月色鎏金欢乐染，江河载酒升平献。

国富家安前路坦，敢比寰球，朗朗中国暖。莫羡西方贫富饭，而今共产通途远。

2020 年 10 月 1 日

**【谱式】**《蝶恋花》，词牌名。又名《明月生南浦》《黄金缕》《卷珠帘》《细雨吹池沼》《鱼水同欢》《凤栖梧》《一箩金》等。此词牌双调六十字，上下片各五句，四仄韵，或用入声韵，或上去声通押。上下片句式、格律相同。此词牌一般用来填写多愁善感和缠绵悱恻的内容。本词采用《白香词谱》录宋朝苏轼词《春景》之谱式：

ⓏⓏ仄㊉平平仄仄。Ⓩ仄平平，Ⓩ仄平平仄。Ⓩ仄㊉平平仄仄，㊉平Ⓩ仄平平仄。

Ⓩ仄㊉平平仄仄。Ⓩ仄平平，Ⓩ仄平平仄。Ⓩ仄㊉平平仄仄，㊉平Ⓩ仄平平仄。

## 渔家傲·喜闻《退役军人保障法》实施

再看勋章灯下熠，情回战火边疆地。满体疤痕都是忆。今退去，布衣忍把戎装替。

枪手如今持细笔，民尊法护前途喜。世界风云翻滚里。时警惕，赤心永远服军役。

2021 年 7 月 26 日

**【谱式】**见前同词牌谱式。

## 满江红·中国大年

雪北花南，人联袂、举国腾沸。“新年好”、妇孺男女，共呼祥瑞。十里宴席揖祖辈，八方游子归家汇。惯珍馐街巷满绫罗，钱压岁。

鞭炮脆，红联对。江山醉，人不寐。恰酒逢团圆，化欢欣泪。礼拜亲朋情遍地，闲游风景车结队。闹元宵、灯海赛龙舟，春来媚。

2019 年 2 月 15 日

**【谱式】**《满江红》，词牌名。又名《上江虹》《念良游》《伤春曲》。此调有仄韵、平韵两体。宋人多用仄韵体，且例用入声韵，慷慨激越，多用于抒发豪情壮志。此词牌双调仄韵体，九十三字，上片八句四仄韵，下片十句五仄韵。上下片中两个相连的七言句多作对仗；下片开头四个三字句，一般用为对仗，或两句自对，或隔句相对。本词采用《白香词谱》录元朝萨都剌词《金陵怀古》之谱式：

仄仄平平，平仄仄、仄平平仄。平仄仄、平平平仄，仄平平仄。仄仄平平平仄仄，平平仄仄平平仄。仄仄平仄仄仄平平，平平仄。

平仄仄，平平仄。平仄仄，平平仄。仄平平平仄，仄平平仄。仄仄平平平仄仄，平平仄仄平平仄。仄平平、仄仄仄平平，平平仄。

## 忆江南·元宵

元宵夜，皓月下华庭。灯语莫猜心已印，烟花休看酒当行。明日是征程。

2019 年 2 月 19 日

**【谱式】**《忆江南》，词牌名。此词牌始为单调，二十七字，五句，三平韵。中间七言两句，一般用对仗句式；第二句也有添一衬字者。至宋人多将其叠为双调。本词所用为单调。本词采用《白香词谱》录南唐李煜词《怀旧》之谱式：

平仄仄，仄仄仄平平。仄仄平平平仄仄，平平仄仄仄平平。仄仄仄平平。

## 浪淘沙 · 游长春观

粉绿鸟山鸣，挥汗携行。不闻道观诵经声。遥想前朝削发女，黄卷青灯。

今日政清明，天下安平。香烟神殿警民风。万事善中修正果，前世今生。

2019 年 3 月 27 日

**【谱式】**《浪淘沙》，词牌名。又名《卖花声》《过龙门》《炼丹砂》等。此词牌双调五十四字，上下片各五句，四平韵，上下片句式、格律均相同。此词牌原为小曲单调二十八字，共四句三平韵，形式同于七言绝句。长短句双调《浪淘沙》始于晚唐的吕岩，但内容为咏修道成仙；至南唐李煜作双调《浪淘沙》，谱式与吕岩相同，但所咏题材广泛。自五代起流行本词谱格式。本词采用《白香词谱》录南唐李煜词《怀旧》之谱式：

Ⓧ仄仄平平△，Ⓧ仄平平△。㊣平Ⓧ仄仄平平△。Ⓧ仄㊣平平仄仄，Ⓧ仄平平△。

Ⓧ仄仄平平△，Ⓧ仄平平△。㊣平Ⓧ仄仄平平△。Ⓧ仄㊣平平仄仄，Ⓧ仄平平△。

## 满江红 · 咏修定寺唐塔

满目青山，修定寺、风烟何处？当年盛、魏王赦虎[①]，太宗恩鹿[②]。僧道八方趋寺观，辇车百里闻钟鼓。殿巍峨、难奈战频仍，皆归土。

烽火固，唐塔矗。琉璃顶，石龙础。释道儒集萃[③]，轿形岩骨。一休珠玑龙马啸，四围锦绣飞天舞。问砖雕、谁把塑泥功，铭千古？

2019 年 11 月 26 日

【注释】①魏王赦虎：据传北魏王在清凉山围猎时射虎未死，虎逃至修定寺。住持张猛脱袈裟披虎身，王见住持之大善而感动，遂大兴修定寺。②太宗恩鹿：据传唐太宗早年在清凉山遇难，得白鹿相救。即皇位后，感恩白鹿，又重修修定寺及砖雕塔，此塔故称“唐塔”。③释道儒集萃：唐塔塔身外层通体用雕砖。雕砖图案内容涵盖儒释道三家思想精华，体现了唐朝的文化融合精神。

【谱式】见前同词牌谱式。

## 蝶恋花·游都里峡谷湿地

城市喧嚣云外落，湿地群山，陶醉离骚客。水上闲云追野鹤，绿红夹岸天边舸。

崖下石楼青柿硕，黍酒飘香，笑忆狼出没。鸟道险峰昔日锁，而今玉顶人如络。

2020 年 8 月 26 日

【谱式】见前同词牌谱式。

## 临江仙·游瓦店乡杜庄示范村

携趣东城原野麦，杜庄巨变堪惊。翠竹青瓦画中行。九门魁士第，八景有蛙声。

燕子呢喃风弄紫，小桥流水街亭。妪翁桃下戏孙童。秋千留我照，回首羡耕农。

2021 年 3 月 9 日

【谱式】《临江仙》，词牌名。又名《谢新恩》《雁后归》

《画屏春》《庭院深深》《想娉婷》《瑞鹤仙令》《鸳鸯梦》《玉连环》等。此词牌双调六十字，上下片各五句，三平韵，上下片句式、格律相同。本词采用《白香词谱》录宋朝欧阳修词《妓席》之谱式：

㊀仄㊥平平仄仄，㊥平㊀仄平平。㊥平㊀仄仄平平。㊥平平仄仄，㊀仄仄平平。

㊀仄㊥平平仄仄，㊥平㊀仄平平。㊥平㊀仄仄平平。㊥平平仄仄，㊀仄仄平平。

## 蝶恋花·游乡村振兴示范村西裴小镇

闻道西裴春又驻，急驶香车，怕被冬梅误。浅绿轻黄花正吐，南渠碧水镶别墅。

古井仰韶牛卧处，廊柱银篱，定有灯光舞。已是高楼遮去路，犹闻小镇莺啼树。

2021年3月9日

【谱式】见前同词牌谱式。

## 望海潮·游安阳古城仓巷街

太行山下，黄河涛北，安阳七代都城。仓巷古街，高深院落，饱藏千载枯荣。曾宝马车拥。燕添新巢处，粉退箫停。雨怨风愁，古槐摇落、万千雄。

原为黍廪充盈。历商燕赵魏，战乱频仍。一梦醒来，琼楼舞榭，但留湖上青萍。今世又修容。物华人接踵，酒绿灯红。试问韩琦再过，可辨旧时宫？

2021年3月9日

**【谱式】**《望海潮》，词牌名。宋柳永创制《望海潮》，词中有“云树绕堤沙。怒涛卷霜雪，天堑无涯”句，乃咏钱塘潮，调名源于此。柳永之后，词人多用此词牌题咏节令景物、楼阁集会；秦观以此调作怀古词，以为后世所效法。此词牌常用平韵，且只用一韵。双调一百零七字，上片五平韵，下片六平韵。四言连用处多用对偶句；上下片第八句多用上一下四句式，首字起统领下文作用。本词采用《白香词谱》录金折元礼词《凯旋舟次》之谱式：

(仄)平平仄，(平)平平仄，(平)平(仄)仄平平。平仄仄平，平平仄仄，(平)平(仄)仄平平。(仄)仄仄平平。仄(平)平(仄)仄，(仄)仄平平。(仄)仄平平，(平)平(仄)仄仄平平。

平平仄仄平平。仄平平(仄)仄，(仄)仄平平。(仄)仄仄平，平平仄仄，(平)平(仄)仄平平。平仄仄平平，仄(仄)平(平)仄，(仄)仄平平。(仄)仄平平仄仄，(仄)仄仄平平。

## 南乡子·有感沙河桃花源拍照

飞水溅霓裳，只恨屏狭瀑布长。屏外桃花浓艳艳，芬芳。却照风姿一小张。

快艇碧波航，绝壁遥观似画廊。留恋桃花源上鹤，昂昂。列阵盘空不远翔。

2021 年 3 月 28 日

**【谱式】**《南乡子》，词牌名。又名《莫思乡》《仙乡子》《好离乡》《蕉叶怨》等。有单调、双调两种。此词牌双调五十六字，上下片各五句，四平韵。上下片句式、格律相同。此词上下片以五言仄起平韵句和七言仄起的两种律句为主。上下片中各有一个二字句，必用平声。本词牌始创于五代欧阳炯，题材为咏南方风土；至南唐冯延巳始增为双调，题材渐广泛。本词采用《白香词谱》录宋朝孙道绚词《春闺》之谱式：

(仄)仄仄平平△，(仄)仄平平仄仄平△。(仄)仄(平)平平仄仄，平平△。(仄)仄平平仄仄平△。

(仄)仄仄平平△，(仄)仄平平仄仄平△。(仄)仄(平)平平仄仄，平平△。(仄)仄平平仄仄平△。

## 临江仙·灾年秋月

小院银辉何皎皎，石榴枸杞争红。蛙声柳岸盖蝉鸣。抗洪新垒坝，人借夜光明。

试问西楼枝上月，为谁走走停停？等来战士送征程。白衣归去路，携手月同行。

2021 年 8 月 25 日

**【谱式】**见前同词牌谱式。

## 谒金门·赞医护（四首）

### 其一

白医护，抗疫逆行别府。为保安阳清静土，推儿强断乳。
慈母谆谆送嘱，爱侣遥遥相顾。怒向毒魔鏖战处，心装千万户。

### 其二

白医护，家宴除夕何处？哪管日升星月暮，只将新冠阻。
雾夜驱车赶路，冰雪倚墙当铺。日日甲衣[1]娇面捂，无言甘忍苦。

**【注释】**①甲衣：此处借指防护服。

## 其三

白医护，最晓疫情残酷。但迈家门辞退路，直向危险赴。
无论前方后土，何计贫翁娇妇。若有冠毒枪口处，青春无悔堵。

## 其四

白医护，总把众生呵护。万紫迎春争艳舞，城乡擂庆鼓。
受谒金门玄武，彰显炎黄高度。放眼五洋防疫路，中华多翘楚。

2022 年 1 月 17 日

**【谱式】**《谒金门》，词牌名。原唐教坊曲，用作词调。又名《空相忆》《花自落》《垂杨碧》《杨花落》《出塞》《东风吹酒面》《不怕醉》《醉花春》《春早湖山》《闻鹊喜》等。双调，四十五字，上下片各四句，四仄韵。此词句句押韵，通篇押仄韵。第三句为仄起仄收之七言律句。上下片起句第二字以仄声为佳。本词采用《白香词谱》录五代冯延巳词《春闺》之谱式：

平仄仄，仄仄仄平平仄。仄仄平平平仄仄，仄平平仄仄。
仄仄平平仄仄，仄仄平平平仄。仄仄平平平仄仄，仄平平仄仄。

# 满江红 · 春到安阳

千古安阳，春又到、繁华怎样？硝烟落、疫毒刚灭，肃街宁巷。鳞次屋檐灯灿烂，万家酒宴人欢畅。恰春节、屏幕鼓喧阗，笙箫响。

柳吐翠，梅绽放。太行色，洹河浪。喜绿新红媚，燕歌莺唱。古塔画桥辉玉树，殷商帝土雕琼阆。好江山、看日暖天青，东风荡。

2022 年 2 月 1 日

**【谱式】**见前同词牌谱式。

# 第二节　词写人生

本节体裁为词，共二十六首，使用了十五种词谱格式：《浪淘沙》《浣溪沙》《满江红》《鹧鸪天》《如梦令》《苏幕遮》《清平乐》《长相思》《一斛珠》《天仙子》《摊破浣溪沙》《一剪梅》《相见欢》《忆江南》《金缕曲》等。

本节主题是个人生活。写笔者客居异国时思念祖国的人流涌动、故土的乡音、甚至暮秋的黄叶纷飞；写笔者植树时的期盼、母亲节的叩问、新冠疫情下为两个身在异国的女儿担忧的眼泪，夜雨霏霏时、新春燕回时、水戏鸳鸯时写尽对亡夫的思念。

## 浪淘沙·早春闲步

春醒越庐墙，散步郊乡。熏风送暖沐朝阳。清气不寒闲客面，脚步铿锵。

红吐绿间黄，紫燕低翔。出篱数朵蜡梅香。减尽棉衣冬日苦，一任轻扬。

2019 年 3 月 13 日

【谱式】见前同词牌谱式。

## 浪淘沙 · 植树

庙会选苗来，挥汗深栽。梦中一树杏花开。鸣鸟踏枝疑叶展，尽教空猜。

寂寞伴根埋，料峭难排。耐得青草上阶台。并与春芳一起放，眉叶花腮。

2019 年 3 月 22 日

【谱式】见前同词牌谱式。

## 浣溪沙 · 异国秋思（三首）

### 其一

常向繁华觅野闲，还于闹市恨声喧。他国鸦静却心烦。
十里长街人迹少，千排翠树鸟鸣繁。忽思故土挤人肩。

### 其二

一去家国万里深，孑然异域断乡音。黑肤白面尽生人。
散步无言松鼠伴，观天不语火烧云。黄花似旧倍觉亲[1]。

【注释】①黄花：蒲公英。作者故乡多此花。

## 其三

别梦依稀夏紫薇，同窗挥手嘱疾归。异国风景与吾违。

暖树海风花自媚，藏云穹碧鸟群飞。梦回故土叶翩飞。

2019 年 10 月 21 日于美国加州

**【谱式】**《浣溪沙》，词牌名。此词牌双调四十二字，上下片各三句，上片三平韵，下片两平韵，过片二句多用对偶。本词采用《钦定词谱》中《浣溪沙》韩偓体之谱式：

(仄)仄(平)平(仄)仄平△。(仄)平(平)仄仄平平△。(平)平(仄)仄仄平平△。

(平)仄(仄)平平仄仄，(仄)平(平)仄仄平平△。(仄)平(平)仄仄平平△。

## 满江红·观电视台废弃发射塔感怀

鸦唱斜阳，铁塔锈、群巢争筑。晚风急、街空人静，塔摇如诉。声像乘朝霞落户，悲欢共暮烟齐舞。几十年、谱教育华章，风雷酷。

拒妩媚，铮铮骨。迎霜雪，何谈苦。进退高低事，漠然荣辱。数字登场模拟隐，天频地网争横竖。又黎明、看旭日东升，昨归古。

2020 年 7 月 19 日

**【谱式】**见前同词牌谱式。

## 鹧鸪天·母亲节问根

卧病亲娘日日煎，绕床无计只盘桓。养儿辛苦半生血，靠子搀扶能几年？

儿躯体，母心肝，一呵却教病中欢。衔环结草微微报，浩瀚恩情命可捐。

2019 年 5 月 11 日

**【谱式】**《鹧鸪天》，词牌名。又名《思佳客》《醉梅花》《剪朝霞》《骊歌一叠》等。此词牌双调五十五字，用平声韵。上下片各三平韵。本词的上片第三、四句和下片的两个三字句一般要求对仗。此调常写离别之情。本词采用《白香词谱》录宋朝聂胜琼词《别情》之谱式：

(仄)仄平平仄仄平，(平)平(仄)仄仄平平。(平)平(仄)仄平平仄，(仄)仄平平仄仄平。

平仄仄，仄平平，(平)平(仄)仄仄平平。(平)平(仄)仄平平仄，(仄)仄平平仄仄平。

## 如梦令·疫中忧女（二首）

2020年3月中旬至4月中旬，中国早已经渡过新冠疫情重灾时段，而美国却陷入失控状态。新冠病毒肆意蔓延，每日新增三万人之多，于4月10日达五十万感染患者，我每日担心身处美国加州的两个女儿，故作词以记之。

### 其一

世界突发新冠，忧女不思茶饭。梦泛大洋舟，晨寄云笺飞雁。惊看，惊看，枕上泪湿一片。

## 其二

对案窗前思女，小鹊摇枝欢语。报女俱安平，新冠加州安避。飞去，飞去，送上春风迢寄。

2020 年 4 月 13 – 14 日

**【谱式】**《如梦令》，词牌名。分单调、双调两体，单调又名《不见》《古记》《比梅》《无梦令》等。此词牌单调三十三字，共七句五仄韵、一叠韵，押仄声韵。第一、二句一般用对仗。本词采用《白香词谱》录宋朝秦观词《春景》之谱式：

(仄)仄(仄)平平仄△，(仄)仄(仄)平平仄△。(仄)仄仄平平，(仄)仄(仄)平平仄△。平仄△，平仄△，(仄)仄(仄)平平仄△。

## 苏幕遮·暮冬

暮云天，冰冻地。霞染层林，林上寒烟碧。万里江山冬锁闭。银雪如铺，绿藏鸿飞去。

掩柴扉，温故绪。弦断书尘①，夜夜声无迹。晓月殷殷来旧第。泪枕鸳鸯，孤苦托谁寄？

2019 年 1 月 6 日

**【注释】**①弦断书尘：弦断，指作者的亡夫生前喜欢拉的二胡，没有了主人，自然也断了弦乐声。书尘，书架上灰尘蒙蒙，无心翻阅。

**【谱式】**《苏幕遮》，词牌名。又名《鬓云松令》《云雾敛》。此词牌双调六十二字，上下片各七句，四仄韵，上下片句式、格律相同，本词押仄声韵。上片第一、二句须用对仗，下片第一、二句对仗可用可不用。上下片四言与五言句相连，须上下一意，语意贯通。《白香词谱》常于此处作“豆”，以示语意连贯。

全词共有四处此等句式，使得词调具有回环往复之美感。本词采用《白香词谱》录宋朝范仲淹词《怀旧》之谱式：

仄平平，平仄仄。仄仄平平，仄仄平平仄。仄仄平平平仄仄，仄仄平平，仄仄平平仄。

仄平平，平仄仄。仄仄平平，仄仄平平仄。仄仄平平平仄仄，仄仄平平，仄仄平平仄。

## 清平乐 · 家

将吟又住，谁赏楼高处。日瞰人间庐万户，暮共仙宫宴舞。

檐边燕诉春冬，庭前花叹枯荣。阅尽悲欢仄仄，此心不改平平。

2020 年 6 月 19 日

**【谱式】**《清平乐》，词牌名。又名《忆萝月》《醉春风》。此词牌双调四十六字，上下片各四句，上片四仄韵，下片三平韵。此词牌为平仄转换格。上片押仄声韵，下片换平声韵。此调上片用仄韵，且句句协韵，形成一种紧促的情调；下片则转为平韵，并在第三句用仄韵一收，第四句再用平韵，情调顿显和婉，留不尽之余味。本词采用《白香词谱》录宋朝黄庭坚词《晚春》之谱式：

平平仄仄，仄仄平平仄。仄仄平平平仄仄，仄仄平平仄仄。

平平仄仄平平，平平仄仄平平。仄仄平平仄仄，平平仄仄平平。

## 浪淘沙 · 家寂

把酒向仙宫，月莫匆匆。清光漫洒照孤灯。只恐伊人来入梦[1]，难认憔容。

栏外又霜凝，冰冻残羹。空空院落影茕茕。意冷衾寒家寂寂，落寞无穷。

2019 年 1 月 7 日

**【注释】**①伊人：作者故去的丈夫。

**【谱式】**见前同词牌谱式。

## 长相思·亡夫六周年忌日咏怀

草又发，树又发，邂逅春风共晚霞。独回梦醒家。

鹊喳喳，语喳喳，门掩空屋弦断琶[①]。旧歌和泪擦。

2019 年 3 月 11 日

**【注释】**①琶：指琵琶，这里代指二胡，因作者丈夫生前善拉二胡。

**【谱式】**《长相思》，词牌名。又名《吴山青》《山渐青》《青山相送迎》《长相思令》《相思令》《双红豆》《忆多娇》《长思仙》《越山青》等。此调起源于《古诗十九首》。此词牌为双调三十六字，上下片各四句，各三平韵、一叠韵。全词押平声韵，句句用韵，一韵到底。上下片起首二句，皆用叠韵。本词采用《白香词谱》录唐朝白居易词《别情》之谱式：

仄(仄)平△，仄(仄)平△，(仄)仄平平(仄)仄平△。(平)平(仄)仄平△。

仄平平△，仄平平△，(仄)仄平平平仄平△。仄平平仄平△。

# 清明怀亡夫（四首）

## 其一　一斛珠·游春怀旧

无人可慰，空空院子芬芳退。强颜欢笑游南北。水远山高，总是当年美。

绿叶护花蝶恋蕊，呼朋引伴人结队。默然看雨梳芦苇。水戏鸳鸯，满眼相思泪。

2019 年 3 月 30 日

**【谱式】**《一斛珠》，词牌名。又名《醉落魄》《怨春风》《章台月》等。此词牌双调五十七字，上下片各五句，四仄韵。本词采用《白香词谱》录南唐李煜词《香口》之谱式：

(仄)平(平)仄△，(平)平(仄)仄平平仄△。(平)平(仄)仄平平仄△。(仄)仄平平，(仄)仄平平仄△。

(仄)仄(平)平平仄仄△，(平)平(仄)仄平平仄△。(平)平(仄)仄平平仄△。(仄)仄平平，(仄)仄平平仄△。

## 其二　天仙子·春思

燕子新巢濡沫缀，连翅翩翩蝶恋蕊。倚楼望尽路千条，年轻辈，都双对，总教苍颜愁又倍。

哭泣梨花心已碎，缺月又填鸳枕泪。夜深独自对昏灯，人未醉，魂憔悴，锦壁珠帘说旧岁。

2019 年 4 月 1 日

**【谱式】**《天仙子》，词牌名。双调六十八字，上下片各六句，五仄韵，上下片句式、格律相同。上下片第四、五两个三字句可用对仗。本词采用《白香词谱》录宋朝张先词《送春》之谱式：

(仄)仄(平)平平仄仄△，(仄)仄(平)平平仄仄△。(仄)平(平)仄仄平平，平(仄)仄△，平(平)仄△，(仄)仄(平)平平仄仄△。

(仄)仄(平)平平仄仄△，(仄)仄(平)平平仄仄△。(仄)平(平)仄仄平平，平(仄)仄△，平(平)仄△，(仄)仄(平)平平仄仄△。

## 其三　浪淘沙·记梦

尝记旧帘垂，夜雨霏霏。诗书对韵两相偎。一去六年今似梦，物换人非。

挽臂赏园梅，明月辉辉。日出独醒照空闺。好梦难凭人不再，从此休追。

2019 年 4 月 1 日

**【谱式】**见前同词牌谱式。

## 其四　摊破浣溪沙·清明悼亡夫

岁岁清明教我痴，苍天不雨墓先湿。独对遗容未开语，却噎辞。

怀旧花前花贮泪，念春叶下叶多丝。翻遍宋唐千万首，尽悲诗。

2019 年 4 月 5 日

**【谱式】**《摊破浣溪沙》，词牌名。又名《添字浣溪沙》《南唐浣溪沙》《感恩多令》等。此词牌双调四十八字，上下片各四句，上片三平韵，下片两平韵。本调下片开头两句须用对仗。本词采用《白香词谱》录南唐李璟词《秋恨》之谱式：

(仄)仄平平仄仄平△，(平)平(仄)仄仄平平△。(仄)仄(平)平仄平仄，仄平平△。

(仄)仄(平)平平仄仄，(平)平(仄)仄仄平平△。(仄)仄(平)平平仄仄，仄平平△。

## 一剪梅·清明

天道循环有不同，岁岁清明，今又清明。大江南北异坟茔，问草谁同，问泪谁同？

绿雨红云载泣声，山也悲鸣，水也悲鸣。阴阳两处遣何通？死者冥冥，生者茕茕。

2021 年 4 月 3 日

**【谱式】**《一剪梅》，词牌名。又名《腊梅香》《玉簟秋》等。此词牌双调六十字，上下片各六句，句句平韵。上下片句式、格律相同。上下片有四对四言句，可作同声对、并头对、联尾对，也有用叠韵者，如李清照词“才下眉头，却上心头”。本词采用《白香词谱》录宋朝蒋捷词《春思》之谱式：

(仄)仄平平仄仄平。(仄)仄平平，(仄)仄平平。(平)平(仄)仄仄平平。(仄)仄平平，(仄)仄平平。

(仄)仄平平仄仄平。(仄)仄平平，(仄)仄平平。(平)平(仄)仄仄平平。(仄)仄平平，(仄)仄平平。

## 浪淘沙·夏夜家院乘凉感怀

日影下帘钩，月洒城楼。万家灯火聚温柔。仰望苍穹星密密，我影悠悠。

此夜旧时稠，净怄闲愁①。何事不教话温柔？眼下阴阳都寂寂，欲见何求？

2021 年 6 月 21 日

**【注释】**①“此夜”两句：指作者和丈夫在一起时，这样的夜晚有很多很多，但双方不时生些闲气蹉跎了美好光阴。

**【谱式】**见前同词牌谱式。

## 浪淘沙·家院独坐忆亡人

知汝爱思谋，静坐潜修[1]。才来短住健康忧。可恨无常分连理，哭断洹流。

厦顶院清幽，石凳徒留[2]。花红果绿枉娇柔。人语东墙如笑我，独守空楼。

2021 年 6 月 20 日

**【注释】**①“知汝”两句：汝，指作者亡夫。他喜欢楼顶小院，因为可以在静静的院子里思考问题、研读文章。②“厦顶”两句：如今新买的楼房专门修建了楼顶小院，丈夫却已经不在人间，那石凳空无人坐。

**【谱式】**见前同词牌谱式。

## 金缕曲·忆岁月

镜里愁颜皱。想当年、桃花似面，发浓乌秀。自有豪情追夸父，不怕天高地厚。庠序转、风头依旧[1]。摘桂金台铺仕道，喜文学、比翼奇佳偶。遭世唾，被魔咒。

一为后母千般谬。祸萧墙、风烟四起，意疲身瘦。子女家庭圆满后，书案尘封笔锈。但只见、佝躯白首。嘶马如今夕阳晚，问苍穹、留我何年寿？担大业，可成否？

2021 年 11 月 14 日

**【注释】**①“庠序”句：作者是说自己连续上学，即小学、初中、高中、大学等等，一直保持优异成绩。

**【谱式】**《金缕曲》，词牌名。又名《贺新郎》《风敲竹》《乳燕飞》等。此词牌押仄声韵，双调一百一十六字，上下片各十句，六仄韵，除第一句不同外，其余句式、格律均相同。上下片之第三句，采用特殊格律“仄平平仄”，当遵循。本词采用《白香词谱》录宋朝李玉词《贺新郎·春归》之谱式：

仄⃝仄平平仄。仄平平、（豆）平⃝平仄仄，仄平平仄。仄⃝仄平⃝平平仄⃝仄，仄⃝仄平平仄仄。仄⃝仄仄、（豆）平平平仄。仄⃝仄平⃝平平仄仄，仄平平、（豆）仄⃝仄平平仄。平仄仄，仄平仄。

平⃝平仄仄平平仄。仄平平、（豆）平平仄仄，仄平平仄。仄⃝仄平⃝平平平⃝仄，仄⃝仄平平仄仄。仄⃝仄仄、（豆）平平平仄。仄⃝仄平⃝平平仄⃝仄，仄平平、（豆）仄⃝仄平平仄。平仄仄，仄平仄。

## 满江红·访长顺印务赞刘才瑾

“洹风诗会”组织人员到安阳市城南区长顺印务公司采风，听闻总经理刘才瑾介绍长顺印务公司发展历程与理念，有感而作。

暮罩南城，喧嚣静、紫薇香细。群仙聚，鸡豚美酒，共英雄忆。筚路奇峰昂首越，仁心义胆虔诚济。马晓嘶、同业数当行，谁能匹。

食少肉，衣无绮。忠国运，身相许。环保风涛涌，做标兵企。雅正车间人溢笑，领军设备尘无迹。问中原、独秀百强中，真如砥。

2020 年 7 月 10 日

【谱式】见前同词牌谱式。

## 相见欢·师范同学小聚有感

朔风洗尽枝头，聚觥筹。一任朝阳过午落西楼。

话不累，意都醉，忘春秋。白发同窗还叙少年愁。

2020 年 12 月 16 日

**【谱式】**《相见欢》，词牌名。又名《秋月夜》《上西楼》《西楼子》《忆真妃》《月上瓜洲》等。此词牌双调三十六字，平仄韵互换，以平韵为主，上片三平韵，下片前二句转仄韵，后二句又换回前面的平韵。词中第二句、第六句两个押平声韵的三字句，其格式均为“仄平平”；下片开头两个押仄声韵的三字句，其格式以“仄平仄”为佳，这两句也可用作同声对，如“剪不断，理还乱”。上下片中的九字句，可作上六下三句式或上四下五句式。本词采用《白香词谱》录南唐李煜词《秋闺》之谱式：

(平)平(仄)仄平平△，仄平平△。(仄)仄(平)平平仄仄平平△。

仄(平)仄△，(仄)平仄△，仄平平△。(仄)仄(平)平平仄仄平平△。

## 忆江南·咏“洹上诗韵”联欢会

洹上会，一揖故人情。月洒元宵歌古韵，星辉竹酒宴群雄。诗趣助高朋。

2019 年 2 月 19 日

**【谱式】**见前同词牌谱式。

## 浪淘沙·花甲遇少朋

忽遇少邻郎，不忍端详。当年童貌比八乡。转瞬齐肩孙辈众，面皱须霜。

照我亦苍苍，彼此同忙。拼得命运奔辉煌。万物人间都往复，何必惶惶。

2019 年 3 月 22 日

【谱式】见前同词牌谱式。

## 满江红·恭贺晁宪老师八十华诞

东海扬福，南山寿、金厨宴庆[①]。师生聚、漳洹同乐[②]，友朋齐颂。四秩春秋耕教苑，八千桃李咸国栋。秉才学、点铁亦成金，皆龙凤。

黎明月，寒窗影。学子路，恩师梦。纵青丝难再，赤心犹永。筚路艰辛都过往，童颜鹤发天伦盛。享东篱、把酒赏菊花，神仙境。

2020 年 7 月 23 日

【注释】①金厨宴庆：指在金厨美食饭店设宴庆贺晁宪老师生日。②漳洹同乐：漳河水和洹河水滔滔清波，一起欢庆。

【谱式】见前同词牌谱式。

# 第三节　咏叹自然

本节体裁为词，共十八首，使用了十种词谱格式：《浪淘沙》《蝶恋花》《卜算子》《苏幕遮》《西江月》《鹧鸪天》《如梦令》《浣溪沙》《行香子》《临江仙》等。

本节主题是咏叹自然。春天在帘外醒来，花瓣嫁给了细雨；夏夜的河岸人影婆娑；秋天的银霜棉柔旖旎；雪裹梅红时，笔者正泼墨案头乾坤、笔下繁华。这里丁香、石榴、丝瓜、梅豆、枸杞都是笔者朝夕相伴、会哭会笑的朋友。

## 浪淘沙·春醒

帘外鸟争鸣，暖气蒸腾。欣然率性踏东风。红粉迷蒙香欲醉，花叶齐兴。

今日又春荣，往复无穷。却驱人世走单程。年少不知光易老，随意闲扔。

2019 年 3 月 26 日

【**谱式**】见前同词牌谱式。

## 蝶恋花·喜忧谷雨雨

春天多干旱，但今年谷雨节当天及次日连续下雨，人亦喜，人亦忧，有感而作。

谷雨斜风梳细雨。春笔重描，又把宏图替。红瘦绿肥耕者喜，已知不用三更起[①]。

花瓣纷纷篱外去。粉入香泥，恰润芳菲地。篱内佳人愁不语[②]，山盟海诺皆无迹。

2021 年 4 月 21 日

【**注释**】①“已知”句：因为这场雨对农作物很好，可以保证今年小麦丰收，所以农民不再担心起五更站半夜辛苦浇地。②“篱内”句：赏花的佳人看着雨打风吹，花瓣纷纷飘落墙外，辜负与佳人相守之约，因此而忧愁。

【**谱式**】见前同词牌谱式。

## 卜算子·消夏

雨退晚霞升，人满槐花路。排档炉红酒令欢，岸影婆娑舞。

瘦月弄清凉，独倚听蝉诉。惜夏丁香簇簇开，总被篱菊妒。

2020 年 7 月 23 日

**【谱式】**《卜算子》，词牌名。又名《卜算子令》《缺月挂疏桐》《百尺楼》《眉峰碧》《楚天遥》等。此词牌双调四十四字，上下片各四句，上下片皆两仄韵，上下片句式、格律相同。本词采用《白香词谱》录宋朝王观词《别意》之谱式：

㊀仄仄平平，㊀仄平平仄△。㊀仄平平仄仄平，㊀仄平平仄△。

㊀仄仄平平，㊀仄平平仄△。㊀仄平平仄仄平，㊀仄平平仄△。

## 苏幕遮·夏夜

雨初藏，霞始放。月洒荷塘，塘岸蛙欢唱。热退风来凉气爽。十巷八街，笑语喧排档。

舞婆娑，歌荡漾。兴尽星稀，梦醉金纱帐。俯瞰城乡楼幢幢。王母偷窥，疑是仙宫降。

2021 年 7 月 10 日

**【谱式】**见前同词牌谱式。

## 西江月·喜秋

细雨轻敲碧藕，凉风偷染红榴。寒催鸿雁向南洲，留下千川锦绣。

清露酸甜果醉，银霜旖旎棉柔。粮仓列阵待车流，摆下丰收宴酒。

2021年9月22日

**【谱式】**《西江月》，词牌名。此词牌双调五十字，上下片格律相同，各四句，两平韵，一仄韵，为平仄韵通押格。上下片前二句均为六言，平仄相对，要用对仗。本词采用《白香词谱》录宋朝司马光词《西江月·佳人》之谱式：

㊀仄㊥平㊀仄，㊥平㊀仄平平。㊥平㊀仄仄平平，㊀仄㊥平㊀仄。

㊀仄㊥平㊀仄，㊥平㊀仄平平。㊥平㊀仄仄平平，㊀仄㊥平㊀仄。

## 鹧鸪天·萧瑟

雪裹枯枝望远空，龙藏雁去不闻虫。谢红再蓄惊天艳，处静方修破土功。

红日醒，绿茶融。窗前枸杞斗寒风。案头今古乾坤热，笔下繁华万象生。

2021年1月31日

**【谱式】**见前同词牌谱式。

## 如梦令·雾

大雾今朝何故？昨夜元宵欢度。万物剩昏灯，人影慢移前路。车误，车误，喜上长亭别妇。

2019年2月21日

**【谱式】**见前同词牌谱式。

## 浪淘沙·霾里晨阳

常忆美朝阳，今日凄凉。金收红退强彷徨。良善或疑毒自雾，却恨霾藏。

万古雾何伤？送露添霜。问霾底事乱天纲？翘首东方霞染日，还我穹苍。

2019 年 3 月 15 日

【**谱式**】见前同词牌谱式。

## 卜算子·迎春花（二首）

### 其一　赞家院迎春花

卧雪举星黄，香动帘中客。惹笑春君满院红，却顶青绦坐。
不择玉盆生，不霸娇人色。总在东风料峭时，相伴卿和我。

2021 年 4 月 4 日

### 其二　有感祖坟地迎春花

荒冢数枝开，寂寞无人宠。黄染清明泪雨烟，香绕阴阳梦。
小巧亚玫瑰，细碎输梁栋。茂密浓浓雪下生，自有绦绦景。

2021 年 4 月 6 日

【**谱式**】见前同词牌谱式。

## 卜算子·咏槐

炎热路人愁，恰有槐荫喜。绿帐吹风十里香，簌簌黄花雨。
籽落雁添食，花落街铺米。敢做孤芳盛夏枝，不与玫瑰比。

2020 年 7 月 8 日

【谱式】见前同词牌谱式。

## 浣溪沙·题榴花

裁碎绫绡满树红，榴花并蒂却雌雄。专挑绿夏秀恩情。
秋雨摧残花谢地，寒霜凋敝籽成名。赢得富贵做图腾[①]。

2021 年 5 月 23 日

【注释】①富贵做图腾：富贵人家的墙体与照壁上，常常用石榴树的图案做“图腾”，象征多子多福、富贵平安。

【谱式】见前同词牌谱式。

## 行香子·丁香

霞宠梅白，日爱桃红。叹丁香独绽三更。花开无赏，蕊落谁听？对黄昏热，云中雨，夜来风。
浇花院落，惜香书案，恰紫丁墨客情浓[①]。相拥天籁，共感霜凝。喜袅茶香，戴明月，缀繁星。

2021 年 10 月 10 日

【注释】①“紫丁”句：意谓作者与窗外小院中的丁香朝夕相伴，感情浓厚。紫丁，紫色的丁香花。墨客，作者自指。

【谱式】见前同词牌谱式。

## 蝶恋花 · 秋菊

嫁与金秋霜竞宠。远去繁华，黄漫萧条岭。日日西风淫雨横，枯花抱定香枝咏。

不恋春芳红绿景。野径柴门，共醉东篱酩。月下诗间寻梦影，笛声伴我何须醒。

2020 年 8 月 20 日

【谱式】见前同词牌谱式。

## 卜算子 · 梅豆

也似蜡梅开，却有青丝豆。紫意浓浓碧叶疏，荒草焉遮秀?
添我美餐蔬，助我吟诗酒。摘到秋霜万物枯，约定心中守。

2020 年 7 月 5 日

【谱式】见前同词牌谱式。

## 卜算子 · 丝瓜

前路任曲直，独具巅峰魄。学子千年雁塔志，原是丝瓜色。
碧叶护黄花，夏雨弹琴瑟。果润霜天满腹丝，早与花藤诺。

2020 年 7 月 21 日

【谱式】见前同词牌谱式。

## 临江仙·枸杞红了

红玉玛瑙垂满架，东墙枸杞盈盈。枝头群鸟欲争雄。紫珠含泪诉，走过难重重。

雪里霜中凭刺挺，焉敌白粉蚜虫。[1]冬春秋夏死逃生。为答人意厚，倾力献甘琼。

2021 年 8 月 23 日

**【注释】**①白粉：指白粉病，导致枸杞全部叶落。

**【谱式】**见前同词牌谱式。

## 卜算子·咏蝉

泥里锁春光，几岁芳年罢。日耀高枝蜕变时，一唱惊天下。

不羡鹂如歌，不慕蝶如画。唱尽忠心傲视秋，只拣清高嫁。

2020 年 7 月 3 日

**【谱式】**见前同词牌谱式。

# 第五章　古风

本章体裁为古风，共三十一首，分为三节：第一节主题为社会百态，我拟将登山者的累、卖菜婆的苦、种麦人的忧、修路工的难以真情写出；第二节主题是个人生活感悟，叩问宗教的欺骗性，鼓励进取精神，谈做人做事的观点，写我的家庭情感；第三节主题是咏叹自然，为花草树木、春夏秋冬穿上艺术的盛装，特别是《赏云》一诗，充分描写云彩的姿态，从而隐喻人生的命运。

## 第一节　关注社会

本节体裁为古风，共五首，主题为社会百态，有历史、有神话，重点写现实社会中的人物如旅游登山者、卖菜婆、修路工们的苦与乐、笑与愁，塑造了一群栩栩如生的人物形象。

## 登山乐

阶阶复级级，望顶遥无期。
绝壁连崖缝，处处挂云梯。
拔地山似佛，迎面嶂如劈。
峰回拾阶上，路转又盘曲。
上山头接踵，下山走龙脊。
清响闻溪流，堆翠藏鸟栖。
红落树飘香，山高天亦低。
欢笑有童稚，拄杖多白须。
起舞腿软后，放歌肚肠饥。
会当佛头顶①，极目小京畿②。

2019 年 5 月 2 日

【注释】①佛头顶：整个河北五指山连起来从远处仰观，就像一个仰面朝天而躺的睡佛，山的最高处就是卧佛的头顶。②京畿：指河北省涉县五指山一带，称为“京畿之地”。

## 赞精卫①

寻父弄舟葬娇妍，化鸟衔石发鸠山②。
花草滴露炎帝泪，树木生烟女娃冤。
迢迢不废复仇路，朝朝常鸣星月间③。
勇冠碧落天助风，志动汪洋海退蓝。
笃信双翼变沧桑，敢教恨海种良田。
假若此鸟执教育，何愁学子不英贤。

2018 年 11 月 28 日

【注释】①精卫：指中国上古神话传说“精卫填海”中的精卫

鸟。②“寻父”两句：相传，精卫本是炎帝神农氏的小女儿，名叫女娃。一日女娃寻父到东海游玩，不慎溺水死亡。死后的女娃化作一只花脑袋、白嘴壳、红爪子的神鸟，每天从发鸠山上衔来石头或草木投入东海。③“迢迢”两句：精卫的复仇路的终点是：把大海填平，变成桑田。精卫鸟常常发出“精卫、精卫”的悲鸣。

## 卖菜婆

新路无荫道口繁，骄阳不驱卖菜摊。
伴与清蝉一起叫，渴盼来往客流连。
层层水褥护青菜，却裸肌肤晒黑颜。
一元一捆鲜泥菜，不愿扫码求现钱。
扫码到得儿孙账，一季汗水徒湿衫。

2019 年 7 月 19 日

## 新路

我家门前修路，历经两三年竣工，有感而作。

三秋风雨两冬寒，崎岖退去新路宽。
草萋树茂瞬间荫，花红叶碧一夜嫣。
大道飞驶车南北，曲径藏影人悠闲。
公交吞吐匆匆客，紫蹊黄亭消暑炎。
出门勿忧雨和雪，抬脚直达路通天。

2018 年 7 月 7 日

## 忧喜种麦人

播麦黄土耕与犁，衣食希望种田畦。
从此人与麦结缘，一风一雨皆忧喜。
干冷伤苗盼雪盖，暖冬疯长恐不利。
年后抢浇返青水，又怕料峭春冻弊。
苗根剔草似护崽，抓好燥天喷药剂。
气涌麦浪人出没，暖熏原野翠旖旎。
日下穰花祈晴朗，夜里抽穗望湿泥。
水灌籽浆粒粒饱，却忧穗沉风铺席。
金满乾坤无边黄，香醉布谷早晚啼。
麦熟一晌龙夺食，收割之前忌风雨。
田间机器唱丰年，地头麦农数钱币。
一粒籽浸百滴汗，一茬麦承万般绪。
好于仓前说国富，不忘岁月忧与喜。

2018 年 5 月 28 日

# 第二节　禅意人生

本节体裁为古风，共十七首。主题为个人生活感悟，写笔者生日的精彩，做人的操守，勤俭的坦然，对外甥女的牵挂，对少女时花发卡的怀念，回忆夫亡八年来的苦思，以及隔辈亲的体验等内容。

## 问佛

佛说回头就是岸，吾问佛在河哪边。
若是善在回头处，为何普度彼岸迁？
英雄回头落凡俗，凡夫回头成何缘？
善恶进退任人处，其实人生没有岸。

2018 年 7 月 7 日

## 进取歌

世间三百六十行，任与各人说荣光。
最耻懒惰巧取客，一生蹉跎无功享。
勤奋担起家国任，倾力筑就美梦乡。
唯向风雨谋温饱，敢用血汗浇栋梁。
进取本是英雄色，何问稼穑或拾荒。

2018 年 7 月 8 日

## 闲坐①

亲人谋生去奋斗，家院闲坐观四周。
野猫漫步小区路，松鼠巡游木墙头。
越墙苹果随风荡，超界杂树高四楼。
众邻静静如荒野，却念故乡叫卖吼。

2018 年 9 月 5 日

【注释】①作者在美国加州闲住时有感而作。

## 一字诗

一花一色春一枝，一果一味秋一时。
一眸一心倾一人，一生一世情一痴。

2018 年 5 月 10 日

## 生日忆往

今年痴长六十三，未设一次生日宴。
最忆生日少年时，奶奶为我煎饼摊。
家贫口众庆生日，不足人人解夙馋。
大家都吃玉米饼，只有寿主享白面。
白面煎饼配葱绿，金黄点翠香酥软。
卷成朵朵寿日花，龇牙啧啧让人羡。
黄面煎饼厚又硬，人人都盼生日天。
长大别祖忙俗务，不知今夕是何年。
有时为人设寿宴，竟悟己岁同一天。
偶然又知今生日，聊慰健康吃挂面[①]。
六十三年年年寿，永记奶奶煎饼鲜。

2018 年 8 月 12 日

**【注释】**①“聊慰”句：按照习俗，生日都要吃面条，谓之“长寿面”，寓意健康长寿。

## 节俭家

贫富全靠两只手，勤俭之家住新楼。
什物能用即为宝，出入谨慎细水流。

坐前不羞桌有隙，睡觉不怕床无头。
茄子不扔带刺蒂，吃饭不弃碗底粥。
衣求干净合体好，食务充饥不奢求。
世上荣耻在勤懒，谁笑白屋有封侯？

2018 年 8 月 2 日

## 记梦外甥女

说外不外是姨心，总把甥女视己亲。
忽于梦中留别泪，强要挽留送征尘。

2019 年 3 月 8 日

## 出国路上

忍痛别母离书房，秋风送我向东洋。
二三四五箱一地，箱箱装满思女肠。
比肩接踵人芸芸，举目无朋心茫茫。
时有热情让坐位，常遇陌路伸手帮。
中华大地本同族，不出国门皆故乡。

2018 年 8 月 28 日

## 晒书

又是七月好骄阳，依然家院晒书场。
晒出新香香醉雀，翻来旧愁愁碎肠。

墨迹历历诉畴昔，音容渺渺入汉唐。
待到潮湿随风去，温情抱回留书房。

2018 年 8 月 24 日

## 夫亡八年悼怀

三月又轮回①，八载相思泪。
明月挂离怀，暮风吹冷被。
云楼怕独倚，浅酒教情醉。
提笔书锦笺，欲说心已碎。
早推小轩窗，空盼鸿雁归②。
夜揉旧罗绮，还嗅香烟灰③。
四季忘节气，三餐不知味。
年年晒旧书，字里与君会。
旧书千万字，皆似思字垒。
清明欲梦君，十一盼魂回④。
山河天地大，何处再相偎。
唯将苦思泪，弹向落日辉。

2021 年 3 月 11 日

【注释】①三月：八年前的三月作者丈夫去世。②空盼：因为亡人不可能再用雁脚传书，故云。③“夜揉”两句：作者丈夫生前喜欢吸烟，他的旧衣服上还浸润着香烟的烟灰味。④“清明”两句：清明节时想梦见亡人。十一，指农历十月初一，是俗称的“鬼节”，这时候作者也希望在梦中见到丈夫。

## 花发卡

儿时有幸家教严，任凭穷富要节俭。
吃穿用度随大流，从来没有零花钱。
本子用到两面写，笔头能捏就不换。
好想头戴花发卡，只恨袋空梦难圆。
目标催得人勤快，从此日暮便寻蝉。
蝉过必有蝉蜕在①，要知此物可换钱。
树下蝉聚蜕也多，却与蚊虫结仇缘。
沟岸潮湿蝉洞稠，不慎脚滑水淹衫。
沤麻坑边专心找②，倒引泥鳅钻臂弯。
跌跌撞撞夏天过，凑集蝉蜕一筐篮。
黄金灿灿赶集市③，好歹换来二角钱。
直奔发卡小贩去，却见旁有铺肉摊。
想起奶奶赞此味，耿耿垂涎多少年④。
毅然倾囊买铺肉，两角换得二两半。
小心翼翼尝一丁，香味熏下一尺涎。
双手紧捂回家赶，一路惴惴不敢看⑤。
进门直奔南屋去，铺肉捧到奶奶前。
喜得奶奶热泪下，逢人便夸多少年：
铺肉不贵孝心贵，辛苦一夏解祖馋。
不敢提起花发卡，怕惹奶奶心不安。
十年辛苦一滴报，才知孝心比蜜甜。

2018 年 8 月 14 日

【注释】①蝉蜕：蝉从蝉蛹蜕变为蝉时，蜕下的壳，可入药。因此晚上小孩子们就趴在树下坑边摸找蝉蜕，而后卖钱。②沤麻坑：长时间浸泡麻类植物的水坑。③黄金灿灿：蝉蜕的质很轻，呈褐金色。④耿耿垂涎：对某种食物的向往很切，程度很强。⑤一路惴惴：一种很想吃又强力克制的矛盾心情。

## 隔辈亲

人说舔犊情最深，哪知隔代尤为珍。
呱呱坠地父母喜，却看祖辈当命根。
口含怕化握怕掉，谨小慎微像敬神。
抓屎擦尿干湿换，吃喝洗涮手脚勤。
三翻六坐爬九月，乐得祖辈热泪噙。
牙牙学语字字教，蹒跚学步步步跟。
醒睡哭笑如圣旨，冷热饥饱皆连心。
摔打磕碰安全系，头疼脑热吓掉魂。
日夜无休绕孙转，忙里忙外晨复昏。
养到适龄上学去，早晚接送风雨奔。
雪里冰上校门候，脱下棉袄暖娇孙。
骄阳汗洗书包重，披霜踏露驱车轮。
鸡鸣即起伺茶饭，月落星稀苦自斟。
心血汗水不计价，气质风度荡无存。
孙辈有错不敢斥，怕伤孩子小自尊。
孙辈任性不敢怒，怕招儿女话外音。
千辛万苦不为己，只望后代做鹏鲲。
阳光哺育孙长大，岁月催老祖辈人。
不求王祥卧鲤报，但愿子孙不辱身。
此意孜孜家国志，此爱绵绵骨肉亲。

2020 年 11 月 30 日

## 宴贺进朝诗集面世[①]

友朋满座珍馐肥，琥珀美酒贺向谁？
进朝新书集雅韵，文三学子出人魁[②]。
总把岁月酿今甜，还向夕阳奋蹄追。
高山流水有知音，泛舟诗海不言归。

2018年6月1日

**【注释】**①进朝：即符进朝，作者师范同学。②文三学子：即作者就读师范时的班级排序，为“文科（3）班”，简称“文（3）班”。

## 墙上丝瓜

乘火车去武汉，一路看见农村墙头丝瓜开花结果生长正茂，有感而作。

莫笑窗下芽寸长，不费横蔓只爬墙。
墙头黄花墙外瓜，借得高度说辉煌。
千村万里火车过，碧野金花载客乡。
谁人还忧出身贱？却看美景丝瓜房。

2018年8月27日

## 答太义

人活花甲更思亲，手掌手背皆连心。
羡君事业助亲情，常与闲暇享天伦。

2018 年 8 月 24 日

【注释】①太义，即申太义，作者师范同学。听说作者去美国，申太义致作者诗曰："辞国赴美越重洋，暂别慈母痛断肠。亲情难有两全日，看罢爱女早还乡。"

## 高中师生聚宴咏句

芳华白璧四秩前[①]，皓首相聚情依然。
欲呼姓名枉搔发，握手急忆少年颜。
楼外行云窥争酒，窗上鸣鹊探联欢。
桃李把酒祝师寿，雪裹江山冬不寒。

2018 年 12 月 5 日

【注释】①白璧：作者就读安阳县第二高级中学所在地镇名。

## 与画家聚宴

《啄泥》封绘寻高手，偶与画家对觥筹。
不分师生抢话语，唯尊挚友让珍馐。
情暖寒云日退影，笑喧酒家鹊敛喉。
艺术为大率性傲，管他富贵与王侯。

2018 年 12 月 8 日

# 第三节　咏叹自然

本节体裁为古风，共九首，主题为咏叹自然。写暮春杨絮诉说着世间万物规律，写小满节气布谷声声的田野，写小雪节气不见雪的缘由，歌颂小麦艰难的成长经历，迟开的楝树花在初夏挽留着春季，家院的桃树对主人的忠诚。《赏云》是一首长达二十三联的古风，采用多种艺术手法，尽情摹写了云的美与丑、善与恶、柔与刚，姿态万种、变换神秘的品性。

## 立夏咏楝花

立夏春将去，东城挚意留。
刚别桃树顶，又上楝枝头。
旧果还垂垂，新花已稠稠。
路路香熏客，排排紫送幽。
有花春便在，何忌夏与秋。

2019 年 5 月 6 日

## 小满时节

麦花似米吐黄粉，乡野茫茫浪涌金。
小满时节籽粒饱，灌浆初夏固底根。

遥观碧海千村远，漫驶香原万户深。
布谷声声催镰备，雷霆阵阵扫仓廪。
煎熬冬雪冰寒后，日近收割喜溢门。

2019 年 5 月 23 日

## 春脚

正为红尽伤春艳，忽有雪飞杨絮天。
欲睁明眸绒挂睫，想吸新气毛入咽。
万花修来人意好，一毛搅去众心烦。
原知世事无单益，福祸得失有加减。

2018 年 5 月 2 日

## 雨后平原

读王金林诗《雨后太行》①而作。

沉沉连旬雨，日出江天明。
麦铺千里黄，村露万点红。
飞鸟盘翠树，勤农忙垅耕。
山巍平原阔，高低共苍穹。

2018 年 5 月 23 日

【注释】①王金林《雨后太行》诗：“朝霞漫天红，群峰列队迎。太行八百里，雨后舞青龙。”王金林，作者师范同学。

## 家桃

寂寂家院桃，无伴竞妖娆。
冰雪无畏守，风雨忍辱熬。
献春一树粉，敬夏满枝桃。
红于割麦季，甘汁馈勤劳。

2018 年 5 月 30 日

## 咏麦

叶落兔藏冬萧索，独有麦野绿旖旎。
雪压偏为根增暖，气冷却让叶添碧。
不对三冬诉苦寒，拒向料峭媚温意。
一地金黄飨勤农，枯根再养夏禾绿。

2018 年 6 月 13 日

## 蝉颂

红闭绿蔫人慵懒，万马喑处独闻蝉。
微躯拒向色彩媚，清歌只消酷夏炎。
专食晨露养洁性，勇沐火热锻高贤。
看遍日夜白与黑，唱尽人间苦和甜。
任是风雨雷雹损，终抱青枝不改颜。

2018 年 7 月 6 日

## 小雪

人生如驿历冬站，邂逅雪神论湿干。
问君何故经年违，回我缘数在人间。
今赐银沙轻抹地，上帝无米难为餐。
哪里掬得水气来？呜呼天地一样干。

2019 年 2 月 3 日

## 赏云

云下仰观云如盖，乘机云上奇景新。
鸟瞰城村房如珠，道路如线河如蚓。
金线串珠缀绿绮，疑是嫦娥石榴裙。
会当大洋蓝天地，云带灰红划乾坤。
光携云雾染七彩，虹挂机翼舞天音。
突兀孑立八卦炉，点点行行仙桃林。
熊飞豹跃龙翱翔，像鲸像鳄像狼群。
如竞千帆云朵立，似赛斗牛雾团滚。
冰山相伴巨舰飞，长城还拥万马奔。
座座峰岭夹沟壑，团团雪楼聚墟村。
堆堆叠叠连续去，绵绵莽莽无限伸。
云山云海云世界，云省云国无界分。
神采奔放惊空客，气势恢宏摄人魂。
拔天盖地英雄气，缥缈温柔淑女神。
上承日光搓彩霓，下揽地气酿甘霖。
汹涌翻滚黑压压，想必人间雨倾盆。
扑面云山穿机过，铺天盖地入混沌。

气吞如虎时有怒，旖旎似媚也可亲。
莫道云我相距远，直欲伸手掬来吻。
变化无穷笔显拙，姿态万千词难尽。
上不连天下无撑，江河山川独自存。
湛蓝之上纯净天，纵横坐下七彩云。
晓得此物无杂念，从此云来不伤神。

2018 年 9 月 2 日

# 跋

◎程清明

胡明香既是我的老同事，又是老同学，还是老朋友。相识四十余年，交往比较密切。她热爱工作，热爱生活，勤于学习，勤于创作，经历了世事沧桑，淬炼了多彩人生。

明香前几年出版《啄泥集》，曾邀我写了点文字。今《漱溪集》即将问世，复有盛约。因为事务繁杂，分身乏术，延宕至今，方才着笔。其间虽已把卷浏览，然未加细品。前几日稍暇，方认真赏阅，体会益增，遂生感慨，不吐不快。

《漱溪集》堪称洋洋宏卷。上编主要以古风之韵记述了李清照的传奇一生，刻画了李清照的艺术形象。作者文思泉涌，运笔滔滔，写就了主人公历经国破家亡，遭受颠沛流离，仍然心怀希望，顽强生存的可贵品格。其中虽有对李清照前期幸福生活的摹写，但主要精力放在对其后半生坎坷磨难岁月的记述。字里行间充满深沉的情愫，令人动容，为之唏嘘。

李清照乃众所公认的才女，其诗词创作具有很深的造诣，对后世影响颇大。也许是作者身为女性，更为惺惺相惜的缘故，才会在敬慕主人公人格精神的同时，将其文学成就进行了高度艺术化的梳理和展示，可谓栩栩如生，给人留下了难以忘怀的印象。

运用古风体裁，叙写李清照多姿多彩且充满悲欢离合的人生履历，实难驾驭，确属不易。一是古风写好不是一件简单的事，二是主人公整个生平的展现也不是轻易可以做到的。但作者别出心裁，下足功夫，基本实现了创作意图，非常可贵可赞。

《漱溪集》下编主要收录了作者的各类诗词作品。明香致力于文学创作也有很长时间了，一有底蕴，二有激情，三有钻研精神。这些条件，促成了她不断探索文学创作之道的韧劲，特别是在旧体诗词上取得了骄人成绩。

明香既有家国情怀，又有生活的深度体察，这就决定了其作品内容不仅涉及广泛，而且具有真情实感。她倾注满腔热情讴歌了世间美景、国富民强、厚谊高情、岁月静好，展露了积极进取、乐观向上的内心世界，弘扬了主旋律，充满了正能量。

“有限人生须奋斗，无涯学海应勤劳。”明香创作的《漱溪集》足以彰显这种优秀品质和风貌，是安阳诗词界一笔宝贵的艺术财富。

2022 年 11 月 16 日于安阳

（作者系中国楹联学会会员，中华诗词学会会员，河南省诗词学会常务理事，安阳市诗词学会主席，安阳市楹联学会会长，吉远企业文化研究会会长。）

# 后 记

岁月如梭，青春水逝。揽镜对苍颜，那六十七载风雨雕刻出的道道皱纹像无声的皮鞭，催促我笔耕不辍，宵衣旰食，孜孜矻矻，不敢有丝毫懈怠。学吐丝之蚕、效破茧之蝶，炼化出自己的文化火花，希望能为社会增一点光和热。

且喜近年已出版诗词选《啄泥集》，随笔集《博士妈妈的家教笔记》也即将出版，对于且紧迫、且焦虑、且蹒跚的我聊为慰藉。

今又当此《漱溪集》付梓，有两件事萦绕脑际，挥之不去，必欲吐之而后快。

其一，八年前我在一旧书摊上与有关李清照生平的一本小书相遇，出于对词人的仰慕和她生活经历的好奇，我当即决定购买此书。但却因为十四元钱的价格而又恋恋不舍地走开。之后的日子里，我都在后悔。省下了十四元钱的生活费，却为我的生活平添了许多疑问：李清照的人生轨迹是怎样的？她到底有没有再嫁？她活了多大年纪？她为历史做出了哪些贡献？等等。这诸多疑问终于在七年后被一一解开，那是因为我又遇到了《李清照词传》（移然著），而此书的资料性较强。又一年后的今天，我自己写出了《红瘦歌——李清照诗传》，用一千三百五十二联古风诗体，歌咏了李清照的七十三岁人生，并辑为本书上编。相信《红瘦歌》的诗歌形式会吸引更多的读者走近李清照，了解李清照。李清照的爱国、刚毅、正派的精神品格也会为社会注入正能量。

在此，特别想告诉读者一句心得：遇见了，别错过。

其二，《漱溪集》下编《抱香吟——格律诗词及谱式》所选三百首诗词，是2018年后半年我的第一部诗词选《啄泥集》截稿后至今约三年时间内的创作成果。值得一提的是，几乎每一首诗词都不是我在正常时间案边桌前的创作，而是睡觉前、早晚吃饭时所得，可以说是枕头上、餐桌边结出的果实，是咀嚼出来的诗，是梦出来的词。有人会问："你中午吃饭时为什么不写诗呢？"因为这是我充电学习和了解社会的宝贵时间：通过《百家讲坛》了解历史，边吃饭、边听讲、边记录；通过《今日说法》了解社会，摘录要点，记下感悟；等等。

为什么我会这样生活？

因为，诗词创作的最大特点是要有灵感，而灵感往往不是案头前能"坐"出来的，所以我干脆把上午、下午、晚上的大块儿时间都用来写作其他著作，而把可怜的边角碎料时间给了诗词。可是灵感就一定产生于枕头上、餐桌边吗？也不。当我做饭时、洗漱时、打扫时，甚至写作其他作品时，突然来了灵感，我会立即抓住，随手速记，以供枕边酝酿、碗边咀嚼。可以自豪地说，《漱溪集》就是我的枕边、锅边、碗边开出来的"生命之花"。

再与读者分享一点心得：集腋成裘，小时间可以成就大事业。

我为夕阳西下而紧迫，为生命有限、事业无穷而焦虑，在蹒跚中负重前行，除了维持生存，几乎把所有的时间都给了创作。

这里我要特别对两个奋斗在国外的女儿说声"谢谢"，因为她们把所有的事情和困难都留给自己，为的是让我专心致志写作；我还要感谢我的弟弟妹妹，因为他们与我一起分担伺候卧床六年的老母亲，才让我能够集中精力、心无旁骛地著书立说。

在此，还要特别感谢我的老师、诗词家、中华诗词学会会员朱现魁先生，他拖着病体，于炎炎夏日为《漱溪集》把关斧正并写序；

感谢我的同学、著名诗人、建安诗会会长王光明先生冒酷暑为《漱溪集》写序；感谢我的同学同事、安阳市诗词学会主席及楹联学会会长程清明先生拨冗为本书写跋。

《红瘦歌——李清照诗传》在写作过程中参考的图书、文献有：李清照的《金石录后序》，刘乃昌主编的《李清照志·辛弃疾志》（山东人民出版社2009年版），金文明的《金石录校证》（广西师范大学出版社2005年版），王仲闻的《李清照集校注》（人民文学出版社2000年版），徐北文的《李清照全集评注》（济南出版社2005年版），王新霞、乔雅俊的《李清照词——此情无计可消除》（人民文学出版社2017年版），移然的《李清照词传——半生烟雨一世情》（石油工业大学出版社2020年版）等，特此感谢和说明。

2022 年 7 月 29 日胡明香于河南安阳